重构

新经济　新生态　新思维

FUTURE REIMAGINED

周锦昌　许思涛◎编著

中国经济出版社
CHINA ECONOMIC PUBLISHING HOUSE
·北 京·

图书在版编目（CIP）数据

重构/周锦昌，许思涛编著.
北京：中国经济出版社，2017.10
ISBN 978-7-5136-4902-5
Ⅰ.①重… Ⅱ.①周… ②许… Ⅲ.①工业经济—研究—中国 Ⅳ.①F42

中国版本图书馆 CIP 数据核字（2017）第 248719 号

责任编辑　陈　瑞
责任印制　马小宾
封面设计　任燕飞装帧设计工作室

出版发行　中国经济出版社
印 刷 者　北京金明盛印刷有限公司
经 销 者　各地新华书店
开　　本　710mm×1000mm　1/16
印　　张　15.5
字　　数　223 千字
版　　次　2017 年 10 月第 1 版
印　　次　2017 年 10 月第 1 次
定　　价　58.00 元
广告经营许可证　京西工商广字第 8179 号

中国经济出版社 **网址** www.economyph.com **社址** 北京市西城区百万庄北街 3 号 **邮编** 100037
本版图书如存在印装质量问题，请与本社发行中心联系调换（联系电话：010-68330607）

编委会名单

重构

前言 PREFACE

人类正陷入各种由“动物”制造的震荡中。一系列“黑天鹅事件”引发的恐慌尚未过去，“灰犀牛”又不期而至。“黑天鹅”的概念让我们时刻准备应对小概率事件引发的大震动；“灰犀牛”则让我们警惕大概率事件最终累积导致的危机。风险投资家在寻找独角兽的过程中发现“超级独角兽”越来越多，而中国正在成为孕育这些庞然大物的沃土。除了这些“新物种”，机器人正在一步一步渗透并影响着人类的生活，有机构预计再过20年，机器人的数量将超越人类，与人类共生在这个地球上，至于是否是和平共生，目前还没有人敢下断论。

“变化”不足以概括当下所发生的一系列事件，世界正以前所未有的速度发生“重构”。历史上每次可称之为重构的剧变都伴随着技术革新和工业革命的发生。这一次也不例外。但这一轮重构发生和影响的广度和深度前所未有。我们习惯用PEST框架（政治、经济、社会和技术）来分析趋势变化，这一轮重构同样在这几个因素的作用下改变着全球经济秩序、主要经济体的相对优势、新兴经济体的经济增长模式，以及全行业的生态和商业模式。

从2009年全球金融危机以来，成熟市场国家开始了漫长而反复的复兴之路；2015年前后中国经济告别了此前延续30年的两位数增长，进入增速放缓的新常态；中东难民问题为欧盟一体化带来巨大压力；全球化进程发生逆转，民粹主义盛行，贸易保护主义抬头。

技术革新扣动了重构的扳机，互联网、物联网和人工智能的快速发展打破了行业边界，改变甚至颠覆了人类的生活习惯和工作模式。全球人口结构的变化和中国人口结构的变化为经济增长带来的挑战远超原先的想象，但同时又带来无可限量的机会。虚拟和现实，线上和线下，千禧一代消费者需要无处不在的消费和千人千面的精准交付，这又倒逼着技术革新和商业模式演化。有人说未来已来，但我们觉得真正的重构和未可知的未来也许还在快速来临的路上。我们能做的是不仅关注这些自上而下对于经济和行业的作用力，跟踪其发展变化的路径，更要自下而上地从行业和企业运营的角度去观察重构发生的方式，思考企业的应对，这也是我们的客户的迫切需求和期望。

在周锦昌和许思涛的带领下，德勤中国研究团队和德勤科技、电信和传媒行业团队联合发起了这个课题，对于走在重构前沿的重点行业进行了实证研究。超过百位德勤全球各个服务条线的专家贡献了有价值的经验和观察。另一个资源是德勤中国已经开展13年的高科技高成长50强公司评选，为本书的行业研究和观察提供了丰富的案例库，使本书不仅仅停留在概念解读和历史回顾层面，而是能在翔实的数据和案例分析的基础上得出重构未来的几个重要趋势。

本书覆盖广泛，分为三个主要部分。第一部分是对于本轮重构几个推动因素的分析；第二部分聚焦人工智能、共享经济等新技术新模式对于零售、金融、教育、娱乐等重要行业的渗透和影响；第三部分则揭示了四个关于重构的大胆预测——数据为王赋能一切；未来世界“三种人”并存；需求不断升级也许带来的是消费“降级”；未来行业生态或走向“巨无霸”和“小而美”两极。

在撰写本书过程中，课题组进行了大量的数据收集和行业深度访谈，要特别感谢接受我们访谈并真诚分享洞见的客户代表和行业专家，在此不逐一列示其名，我们在附录里列示了案例索引。

最后还要致谢德勤全球和德勤亚太的大力支持。发表于德勤全球领先理念旗舰平台 Deloitte Insights 上的《商业生态圈效能提升》启发了我们对于行业生态圈研究的方法论；德勤亚太的系列研究《亚洲之声》提供了本书对于全球化变局分析的观察。

我们希望本书能为新经济的领头羊和旧经济的变革者带来启发，祝大家开卷愉快！

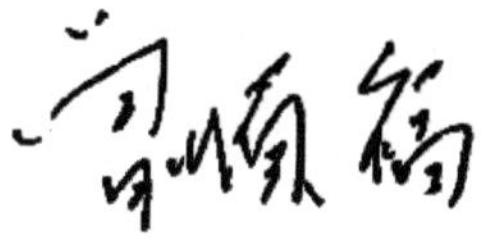

曾顺福　　　　萧耀熙

德勤中国首席执行官　　　　德勤中国副首席执行官

2017 年 10 月

重构

目录 CONTENTS

第1章
全球秩序和价值链重构

FUTURE REIMAGINED

1.1 世界从“平”的走向“崎岖不平”

托马斯·弗里德曼的《世界是平的》是对自20世纪冷战之后逐渐形成的全球经济一体化的历程的描摹与解读。他在书中对于全球化可能带来的负面影响的担忧现在看来正在变成现实。例如，全球化加剧了贫富两极的分化所蕴含的社会危机，美国中产阶级对于来自发展中国家竞争的后知后觉导致下一代无法保持现有的生活质量，这些都是“民粹主义”滋生的土壤。正如《三国演义》中所说的，“话说天下大势，分久必合，合久必分”，世界正以前所未有的速度和力度发生重构。

随着英国脱欧、特朗普在美国大选中获胜，我们渐渐看到了近年频繁发生的“黑天鹅”事件后面的必然。全球化在2001年中国加入WTO后逐渐达到顶峰，但这一趋势正在发生逆转。过去20年，全球化是科技革命及其所推动的产业升级和全球价值链再分配的过程，且以美国为主导，而中国无疑是其中最大的受益者。凭借着粗放的资源使用方式和廉价劳动力，中国成为全球制造中心、最大的贸易顺差国和备受外资青睐的投资目的地。

如果说1997年爆发的亚洲金融危机加速了中国参与并推动上一轮全球化的进程，那么2008年席卷全球的金融危机则为如今开始的“逆全球化”埋下了隐患。全球经济自那时开始进入漫长的恢复期，成熟经济体为此前过度放大的金融杠杆付出代价，在克服衰退的道路上蹒跚前行，同时也给长期依赖海外市场的“外向型”主导经济体提出了挑战，以中国为代表的新兴经济体均面临着经济转型的考验。与此同时，中国的经济增长方式也因内生要素的变化而难以为继——土地成本高昂、劳动力结构改变、生态成本加剧、人口红利式微等成为中国政治和经济格局发生重构的影响因素。在上一轮全球化进程中，中国深度参与全球分工并成为全球价值链中举足轻重的一环；在新的"逆全球化"时代，中国将更为主动地参与国际经济、货币、贸易和政治秩序的重构，更为积极地与其他主要经济体在重构中互动。

我们观察到重构正受到"自上而下"和"自下而上"两股作用力的推动。自上而下的作用力来自"经济体板块"之间相对优势的变化而形成的碰撞和冲突，正如地震的发生是由于地壳板块之间的碰撞和摩擦而导致。其中制造业竞争力优势的变化和背后深层次的原因是最关键的经济因素，由此引发的贸易保护主义和各经济体的应对则是政治体制的应激反应。

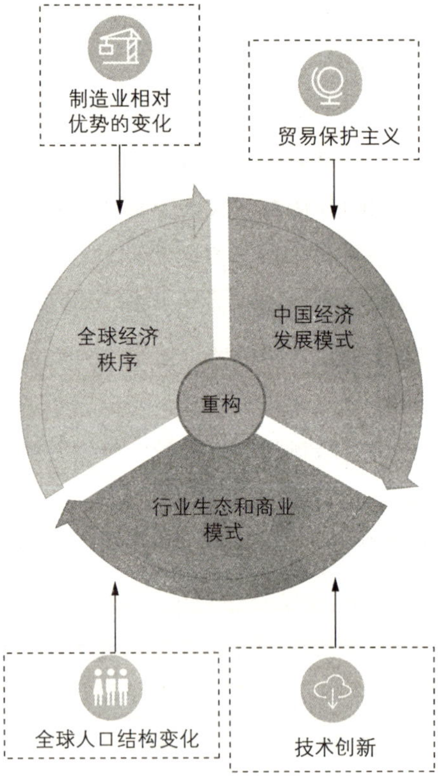

图1－1　重构的推动力

	第一次全球化浪潮“全球市场化”开始于1870年 —— 第一次世界大战爆发 结束于1914年	第二次全球化浪潮“贸易自由化”开始于1950年 —— 布雷顿森林体系崩溃 石油和“滞胀”危机 结束于1973年	第三次全球化浪潮“世界平坦化”开始于1990年 —— 全球次贷金融危机 结束于2007年	全球化下一程
推动因素	• 两次工业革命带来的生产力飞跃提升 • 交通效率提升 • 国际金本位制确定维护了汇率的稳定，刺激进出口贸易 • 殖民活动打开新市场	• “二战”后西方国家百废待兴 • 美国领导战后重建国际货币和国际贸易体系 • 推行市场一体化 • 信息技术革命，全球信息和资源交流迅速	• 美苏两级格局结束 • 第四次科技革命，信息时代来临 • 发达国家政策转向市场自由化和赤字财政 • 发展中国家走向市场经济和对外开放	• 英、美等国家经济出现复苏迹象 • 互联网技术革命 • 世界重心转移，新的增长力量出现 • 新兴经济体市场的发展，如印度、非洲及其他非金砖国家
特征表现	• 国际贸易繁荣 • 国际资本、劳动力大规模流动 • 重工业和制造业兴起，大规模流水线生产 • 以英国为主的跨国公司出现	• 西方国家战后快速经济复兴 • 贸易和投资自由化加速 • 发达国家实现了更大程度上的市场一体化 • 以美国为主的跨国公司活跃	• 世界经济多极化、区域集团化 • 发展中国家加入全球市场 • 互联网技术革命，颠覆产业 • 全球价值链生产的深化 • 各国跨国公司国际业务猛增	• 全球贸易保护主义抬头成为不稳定因素 • 全球价值链贸易模式继续深化 • 新兴市场国家与发达国家合作重建全球经济规则
大国兴衰	• 英国成为全球化最早的受益者 • 美国、德国随后崛起，冲击英国霸主地位 • 发展中国家未登上世界舞台	• 美国成为本轮全球化最大的受益者 • 苏联与美国对垒，两极态势 • 西欧、日本重新崛起 • 发展中国家未登上世界舞台	• 以美国为核心的发达国家领导全球化利益分配 • 以中国为代表的金砖国家参与分享全球化果实	• 以美国为代表的金融危机后经济恢复较快的发达国家 • 以中国为代表的新兴市场经济体 • 其他新兴市场国家
中国角色	• 以传统农业为主、经济落后的大国 • 沦为半殖民地社会，被迫加入全球市场 • 未能分享全球化的成果	• 计划经济体制，集中恢复国民经济，发展工业化 • 经济曲折发展，生产力严重破坏 • 经济缺乏活力，对外一边倒，孤立于国际市场之外	• 改革开放，加入WTO，积极参与经济全球化 • 迅速崛起，经济以两位数增长，成为世界工厂 • 话语权增加，参与国际规则制定	• 经济向新常态转型 • 领导制定区域多边合作“一带一路”等 • 有望成为未来下一轮全球化主导力量

图1－2　全球化下一程和中国的角色

资料来源：德勤研究。

自下而上的作用则主要来自全球人口结构的变化和互联网科技对全行业的渗透。全球老龄化给经济发展带来的挑战不可低估，同时，千禧一代（1984—2000年出生的人群）成为社会财富拥有主体所带来的行业变革不可忽视。互联网是上一轮全球化的关键驱动因素，极大地降低了资金、技术和劳动力等重要生产要素信息交换的不对称，提升了要素流动效率和国际分工效应，并颠覆性地打破了国别疆界和产业边界，逐渐改变着传统的生产方式和主流人群的生活方式。在新一轮的全球变局中，基于互联网发展起来的新技术将更进一步主导经济转型、行业升级和商业模式的快速迭代，成为自下而上重构的最重要动力。

1.2 全球制造业竞争力板块漂移

制造业将持续影响全球经济。从制造业对基础设施建设、创造就业机会以及对总体和人均国内生产总值（GDP）的贡献等方面的影响来看，强大的制造业将为经济繁荣开辟一条清晰的路径。

展望2020年，全球各国制造业相关的活动正在迅速发展。制造业收入和出口拉动了经济繁荣，促使各国通过投资高科技基础设施和教育，强化其发展先进制造的能力。国家和企业正在努力进入下一个技术前沿，提高他们的经济福祉。而随着制造业在现实世界和数字世界的融合，对国家竞争力而言，先进技术已变得更加重要了。

事实上，全球制造业竞争力格局已然发生改变。德勤和美国竞争力委员会每三年就会对全球制造业竞争力进行调查和研究，2016年的调查结果发现全球制造业竞争力格局正呈现以下变化。

表 1－1　全球首席执行官为制造业竞争力排序

2016 年（当前）			2020 年（预计）			
排名	国家/地区	指数评分 100 = 高；10 = 低	排名	2016 年对比 2020 年	国家/地区	指数评分 100 = 高；10 = 低
1	中国	100.0	1	（▲ +1）	美国	100.0
2	美国	99.5	2	（▼ −1）	中国	93.5
3	德国	93.9	3	（↔）	德国	90.8
4	日本	80.4	4	（↔）	日本	78.0
5	韩国	76.7	5	（▲ +6）	印度	77.5
6	英国	75.8	6	（▼ −1）	韩国	77.0
7	中国台湾	72.9	7	（▲ +1）	墨西哥	75.9
8	墨西哥	69.5	8	（▼ −2）	英国	73.8
9	加拿大	68.7	9	（▼ −2）	中国台湾	72.1
10	新加坡	68.4	10	（▼ −1）	加拿大	68.1
11	印度	67.2	11	（▼ −1）	新加坡	67.6
12	瑞士	63.6	12	（▲ +6）	越南	65.5
13	瑞典	62.1	13	（▲ +4）	马来西亚	62.1
14	泰国	60.4	14	（↔）	泰国	62.0
15	波兰	59.1	15	（▲ +4）	印度尼西亚	61.9
16	土耳其	59.0	16	（▼ −1）	波兰	61.9
17	马来西亚	59.0	17	（▼ −1）	土耳其	60.8
18	越南	56.5	18	（▼ −5）	瑞典	59.7
19	印度尼西亚	55.8	19	（▼ −7）	瑞士	59.1
20	荷兰	55.7	20	（▲ +3）	捷克共和国	57.4

资料来源：德勤、美国竞争力委员会《2016 全球制造业竞争力指数》。

出现两个强有力的区域集群

在制造业竞争力前 10 强的国家中，北美和亚太地区在竞争力格局中占主导地位。现在，北美三国（美国、加拿大、墨西哥）全部位列前 10 强，而且有望在今后 5 年内保持前 10 强的地位。位于亚太区的 5 个经济体（中国、日本、韩国、中国台湾和印度）有望在 2020 年前排名前 10 强，欧洲只有德国和英国位列 10 强。

“金砖四国”的分解

在金砖四国（巴西、俄罗斯、印度和中国）中，2016 年只有中国排名靠前，其他三个国家在过去几年内制造业竞争力显著下降。值得注意的是，印度仍有望从 2016 年的第 11 名上升到 2020 年的第 5 名。

“强力五国”崛起

马来西亚、印度、泰国、印度尼西亚和越南，这五个亚太国家（“MITI-V”也称为“强力五国”）预计在未来 5 年将迈入制造业竞争力前 15 强。这些国家能够在低廉的劳动力成本、灵活的制造能力、有利的人口分布、市场和经济增长方面成为“新中国”。未来 5 年内，它们的竞争力排名将上升，而中国继续在制造业领域将重心转向更高价值和先进技术的制造模式。

全球制造业竞争力板块漂移的主要原因在于先进的制造业技术成为释放未来竞争力的关键。数字世界与现实世界不断融合，打造制造业竞争力的途径是通过先进技术、排名预测分析、物联网、智能产品和智能工厂以及先进材料实现的。

一方面，中国在 2016 年蝉联制造业竞争力排名第 1，不仅仅是因为其传统的低成本价值主张，还因为中国创新基础设施的发展，巩固了先进技术在其今后制造业中的作用。但是制造商对中国内需疲弱、产能过剩、劳动力供给等方面的担忧使中国的竞争力受到挑战。

另一方面，制造业向高价值先进制造转型，为发达国家的未来创造优势。在多数发达经济体的全球制造业格局中，技术密集型行业占主导地位，并提供达到或维持制造业竞争力的强有力途径。

高、中、低端制造业的出口分析清楚地显示，高端技术密集型产品出口占德国、美国、日本和英国总体制造业的绝大部分，自 2010 年以来，这几个国家的制造业竞争力排名一直在上升。此外，这些高端技术出口比较高的国家，人均 GDP 产出的劳动力生产率排名也很高。

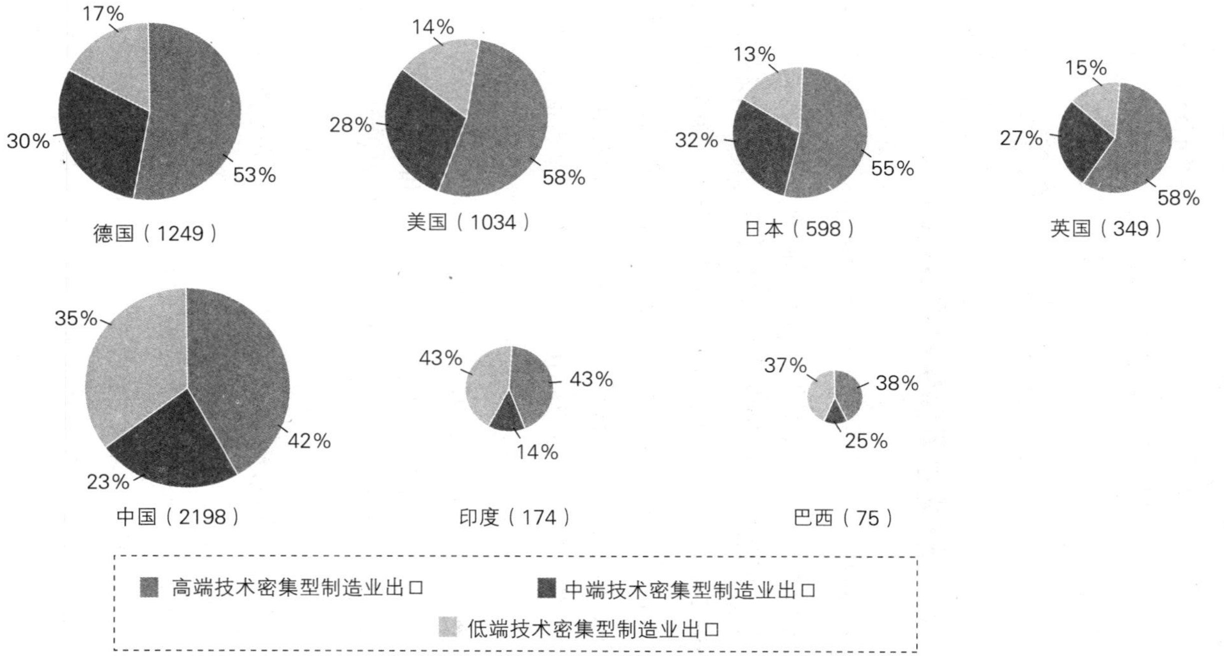

注:气泡的大小和括号里的数字均代表2014年制造业出口量(单位:十亿美元)

图1－3　全球制造业竞争力指数排名与高端制造业出口之间的关联

资料来源:德勤、美国竞争力委员会《2016全球制造业竞争力指数》。

随着全球制造业趋势继续转向更高价值的产品，许多表现出色的国家已经投入巨资，建立起连接人员、资源、政策和组织的国家创新生态系统，有效地将新的理念转化成商品和服务。这些领先的制造业国家不断通过公共方式投资研发，同时激励私营部门以建立协作创新生态系统的方式开展自主研究。通过整合政府、学术界和私人股权投资者建立和维持的这些生态系统，为参与其中的制造商带来显著的益处。

1.3 贸易增速放缓和贸易保护主义抬头①

贸易是全球经济的命脉。它是经济健康状况的晴雨表、经济发展的助推器、技术转移的推手，也是增进生产力和提高收入的机制。

贸易也是一个“短跑选手”。2017 年恰好是大卫·李嘉图证明贸易会带来巨大收益的 200 周年，而历史也印证了他的论断。在过去的 50 年里，全球贸易增长速度比全球经济增长速度快 0.5 倍，而在 1987—2007 年的 20 年里，贸易增长速度甚至是经济增长速度的两倍。②

相对于其他地区而言，全球贸易的快速增长对亚洲更为重要。自第二次世界大战以来，亚洲的转型举世瞩目。日本领跑，“亚洲四小龙”——新加坡、中国香港、韩国和中国台湾紧随其后，接下来是中国，现在则是其他东南亚经济体，如马来西亚、泰国、越南和印度尼西亚。

概言之，以外向型、出口为主的战略进行重新定位是亚洲各经济体发展的共同路线。如图 1－4 所示，亚洲经济目前约占全球贸易的 1/3。

然而，自全球金融危机以来，全球贸易增长逐渐下滑。2008 年的金融危机对全球经济造成了巨大冲击，切断了许多传统的经济关系和纽带。在 2008 年和 2009 年，全球贸易量大幅下跌。

虽然贸易流量此后重回正向的发展轨迹，但其增长却异常缓慢。最新的数据显示，2016 年全球贸易增长放缓，世界贸易组织估计增长幅

---

① 本节主要观点和数据来自德勤亚太《亚洲之声》第一辑，《贸易终将战胜保护主义并促进全球经济增长》。

② 德勤采用世界贸易组织的数据计算.

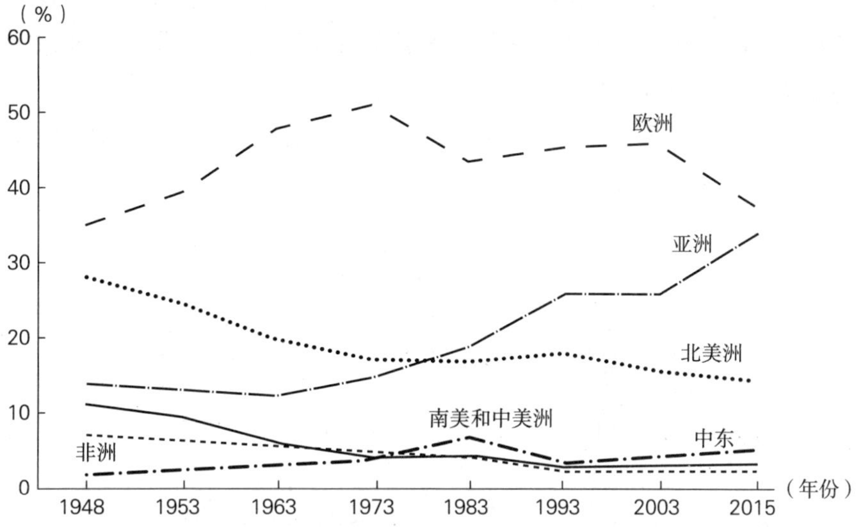

图1-4　全球各地区商品出口份额

资料来源：德勤《亚洲之声》第一辑。

度约为1.7%，是全球金融危机以来的最慢速度，这其实并不奇怪。鉴于全球经济增长疲软，贸易增长放缓亦在情理之中。

更大的问题实际上是全球贸易增长相对于全球经济增长的减速。毕竟，在之前的半个世纪里，是持续优于全球经济增长的贸易增长有效地支持了亚洲的发展。

国际货币基金组织过去5年来的数据显示，全球贸易弹性（贸易增长对经济增长的比率）约等于1。但仅从过去的3年来看，全球贸易弹性小于1。

这是数十年来全球贸易增长首次在持续性的时间里落后于全球经济增长，这对全球经济产生了重大影响。其中，毋庸置疑，亚洲和中国受到的影响是最大的。

近几十年来，新兴经济体，尤其是亚洲的新兴经济体，对全球经济增长的贡献不断上升。20世纪80年代初，新兴市场经济体贡献了约1/3的全球经济增长。过去5年，新兴经济体的贡献已增长至全球经济增长的3/4左右。预计中期内将保持在这一水平。

相比于发达经济体，新兴经济体的贸易弹性要低得多。图1-5显示自 20 世纪 80 年代早期以来，新兴经济体的贸易弹性持续维持在较低的水平。随着新兴经济体在全球经济活动和贸易中的份额提升，全球贸易弹性逐渐下降。

亚洲的经济体、企业和政策制定者应为未来结构性的较低贸易弹性做好充分准备。

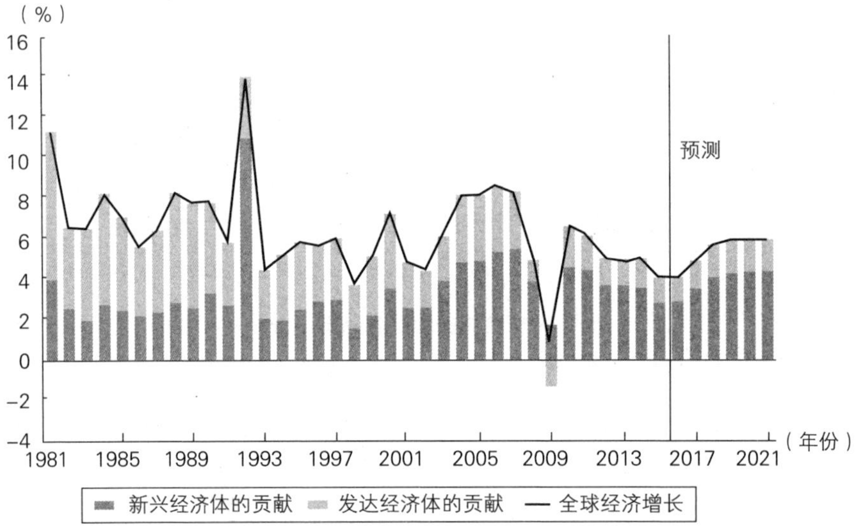

图 1 –5　发达经济体和新兴经济体对全球经济增长的贡献

资料来源：国际货币基金组织，德勤计算数据。

现在越来越多的政治力量反对贸易自由化。美国选民选举唐纳德·特朗普为美国总统，而特朗普的竞选承诺是将保护美国制造商及其工人免受来自新兴经济体的进口竞争。特朗普只是全球新一波民粹主义情绪中最典型的例子。这种政治情绪还体现在了英国的脱欧公投，以及欧洲、澳大利亚和其他地区的选民对活跃于民粹主义及反全球化平台上的政治家的支持上。这种政治情绪损害了在全球推行更加自由的贸易政策的努力，甚至可能推翻过去所取得的成果。

在上一轮全球化中受益良多的金砖国家受到反倾销调查的数量从 2010 年开始快速增加，中国首当其冲，占据了其中的最主要份额。2008 年全球金融危机以来，全球主要经济体复苏乏力，贸易保护主义有所抬头。中国受到来自成熟市场国家的反倾销调查数量最多，成为过

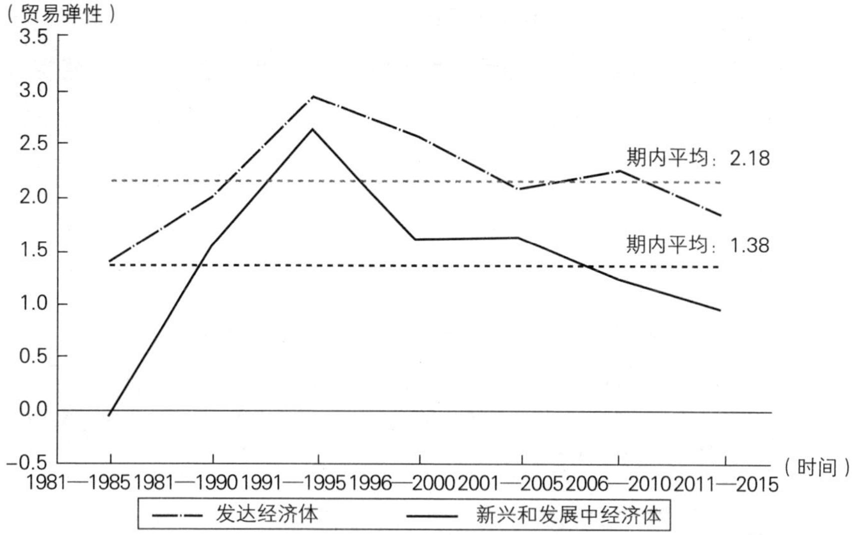

图1－6　发达经济体和新兴经济体的贸易弹性

注：贸易弹性根据实际进口增长与实际经济增长之比计算。

资料来源：国际货币基金组织；德勤计算数据。

去20年世界上受到反倾销调查最多的国家。反倾销案例主要集中在化工产品、冶金和机电产品。

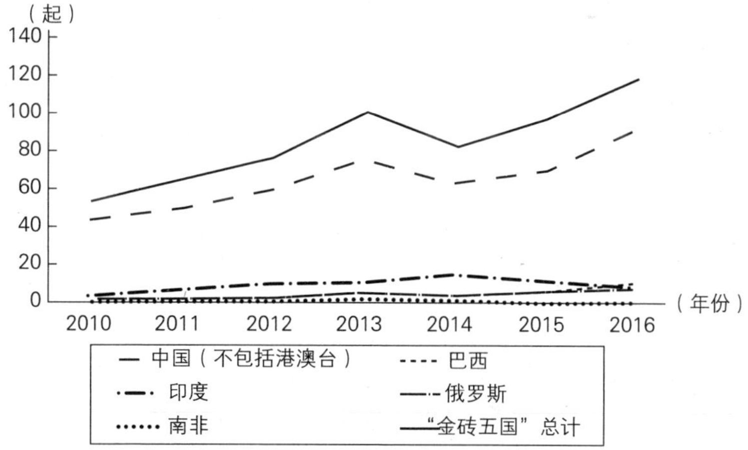

图1－7　“金砖五国”被反倾销调查数量

资料来源：德勤研究。

贸易保护主义愈演愈烈的背后是全球主要经济体的相对优势悄然发生变化。在信息科技和互联网引领的第四次工业革命浪潮中，各国在全球价值链上的定位迫切需要重构。当一国的经济发展水平和生产要素优势与其在价值链上的原有定位发生错配时，不仅阻碍国内经济的发展，也会引发国别经济的摩擦。这并不只是以金砖国家为代表的新兴经济体面临的困境，欧美日等发达国家同样在殚精竭虑地寻求突破。

表1－2　特朗普针对中国的“保护主义”政策动作

区域贸易协定	• 退出“TPP”：2017年1月23日，特朗普上任第三天，正式签署行政命令，正式宣布美国永久退出“跨太平洋伙伴关系协定（TPP）”。TPP协议原意旨在限制中国贸易的发展 • 重新磋商“北美自贸协定”：宣布将与加拿大、墨西哥就北美自贸协定重新谈判。特朗普始终认定该协定导致了美国工作岗位的流失
移民政策	• 新积分制移民政策：2017年8月2日，特朗普公布最新版本的《美国增强就业移民改革法案》（*Reforming American Immigration for Strong Employment Act*，RAISE法案），此法案如果通过立法程序得以实施，美国将效法加拿大和澳大利亚实施积分制移民审核策略，每年的合法移民数量将会减少一半之多
汇率操纵	• 改口汇率操纵国的指责：2017年4月特朗普表示不将中国列为“汇率操纵国”，他在竞选中曾多次指责中国操纵汇率。表态被认为传递了一个关键信号——美国寻求和中国合作，以改善两国之间的贸易平衡问题
中美贸易摩擦继续升温	• “恶名市场”黑名单：2016年12月22日，美国贸易代表办公室重新将包括阿里巴巴在内的10家中国企业列入年度“恶名市场”黑名单 • 不锈钢反倾销：2017年2月，美国商务部对中国不锈钢板材反倾销和反补贴调查做出终裁，裁定中国企业63.86%～76.64%的反倾销税和75.6%～190.71%的反补贴税 • 钢铁倾销调查：2017年4月，特朗普根据美国《贸易拓展法》以国家安全为由对中国进口钢铁展开调查 • 知识产权审查：2017年8月14日，特朗普对华启动“301”调查，将根据《贸易法》第301条款调查中国的贸易行为，要求对中国涉嫌违反美国知识产权和强制美国企业进行技术转让的指控展开调查

资料来源：公开资料；德勤研究。

除了看到成熟市场经济国家急于保护本国优势式微产业和就业市场，也应该看到中国经济转型和产业升级对于中国整体竞争力提升的迫切性。以技术和创新驱动的新经济快速发展，倒逼传统产业进行价值链的重构和商业模式的更新换代，以适应行业生态与新技术的对接，以及逐渐模糊的行业壁垒导致的行业融合和跨界。

同时，现有的区域全面经济合作伙伴关系谈判——包括东盟、澳大利亚、中国、日本、印度、韩国和新西兰在内——可能会发展出类似TPP但范围更广的协定，这种可能性令人鼓舞。此外，贸易自由化仅仅是推动贸易量增长的一个方面。其他助力——包括更大程度的经济一体化、技术变革以及物流改善——仍将继续。

图1－8　丝绸之路经济带和海上丝绸之路

资料来源：瑞穗综合研究所。

“一带一路”倡议的快速推进就是中国为更大程度的经济一体化、更为积极地引领国际经济新秩序进行的顶层设计。在“发展需要更加普惠平衡，贫富差距鸿沟有待弥合”的背景下，“一带一路”倡议提出了“和平合作、开放包容、互学互鉴、互利共赢”的原则，促成全球各国从政策、基础设施、资金和人才等层面实现最大程度的互联互通。从倡议于2013年首次提出的4年来，我们可以看到远离主流经济圈层的区域经济得到发展，区域之间的产业联合更加密切，在南亚、东南亚、西非和中东欧地区形成新的经济发展走廊。

1.4 全球人口老龄化和千禧一代成为主力消费人群①

全球老龄化对经济增长造成威胁

人口老龄化已经成为一个全球性问题，一些国家的人口老龄化现象已持续了较长时间，其中日本60岁及以上人口已占其总人口的33%，这一比例在意大利是29%，在葡萄牙、保加利亚和芬兰分别占到28%，均列世界上人口老龄化问题最严重的国家前列。中国的人口老龄化趋势也进一步加快，60岁及以上人口占到总人口的16%。据联合国预计，60岁及以上老年人口数量将在2050年翻一番，2100年则是当前的2倍多，其中65%的60岁及以上老年人口出现在亚洲。人口老龄化对于一国经济发展的影响是非常深远的，美国和欧洲的发展历程显示，美国60岁以上的人口每增加10%，人均GDP增长将下滑5.5%，而在欧洲地区，55岁以上的工人比例每增加1个百分点，年均劳动生产率将减少0.2~0.6个百分点。因此随着人口老龄化的加剧，生产率将持续走低，对GDP的持续增长产生负面的影响，进而对整体经济的发展进程产生冲击。

在中国，老龄化已经是公认的全国性问题。从数据来看，老龄化程度正在以一个稳定的速度加深，65岁及以上人口的年均复合增长率始终保持在3.5%以上的水平，以这个增速来计算，65岁及以上人口在2020年将达到1.7亿，在总人口慢速增长的前提下，该年龄层人口在总人口中的占比将进一步加大。与老龄化相对应的另一个问题是低生育率，人口出生率从20年前接近20‰的水平一路下跌到2016年的12‰，少儿抚养比也在经历快速下降后逐渐趋稳并保持在了一个低速增长的水平，该趋势将和老龄化共同作用从而改变整体的消费结构。新出台的

① 本节部分观点和数据来自德勤亚太《亚洲之声》第三辑《人口结构推动亚洲经济格局转变》。

“二孩政策”有望扭转目前低生育率的趋势，但是不确定性仍然较大。

总的来说，这些人口趋势会使得服务业受益而加重制造业的负担。从政府的角度来说，中国势必要保持制造业的优势地位——这种优势日益建立在一流基础设施的基础上，而这些基础设施又离不开受过教育和富有生产力的劳动力。

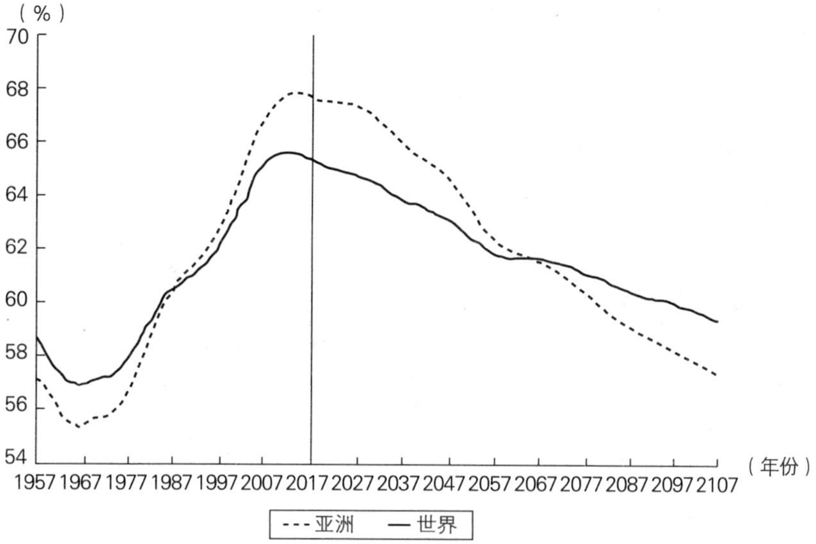

图1－9　劳动年龄人口占总人口比例（世界总人口/亚洲总人口）

资料来源：德勤《亚洲之声》第三辑。

然而，在中国努力消除人口趋势带来的负面影响的同时，补救政策也一定要解决弱势群体的社会福利问题。中国如此迅速的城镇化速度以及资产价格膨胀意味着，那些没有房产的人到了大城市就不得不艰难生活。这些人作为外来务工人员涌进城市，却发现自己可能要被迫回到自己的村子生活，而且，在瞬息万变的经济环境下，学习新技能对他们而言也非常困难。同时，留守老人的处境可能更加艰难，他们几乎享受不到医疗之类的公共服务，他们的意见也几乎无人在乎。

总体而言，人口老龄化让中国更加急迫地要摆脱“中等收入陷阱”，某些为了提高生产力而施行的政策补救手段将弱势群体的脆弱性暴露了出来，因为他们在教育、医疗和社会流动性上的机会更少。

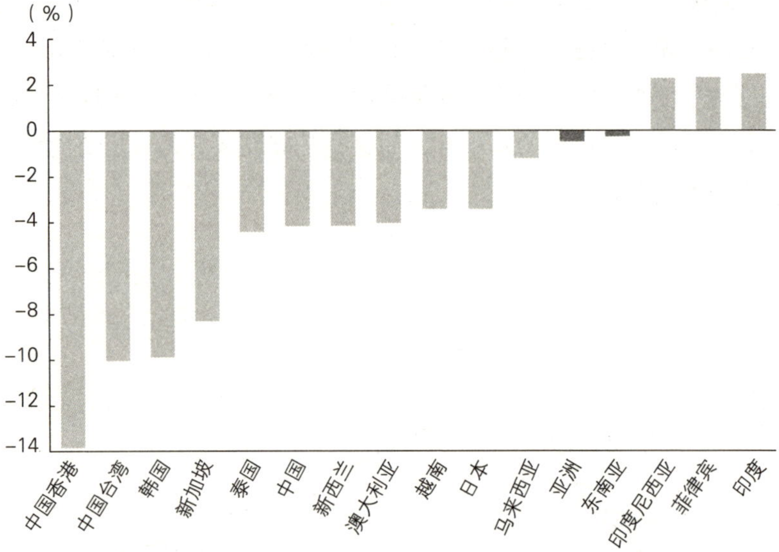

图1-10　未来10年里人口增减对经济体量的影响

资料来源：德勤《亚洲之声》第三辑。

老龄化带来的新商机

值得欣喜的是，中国新一代老年人的收入更高，对未来生活也有了更多的期待，在新一代老年人的引领下，中国老年人口的生活方式正呈现出更加积极和多元化的特征。浩腾媒体的一项调查显示，中国88%的老年人享有养老保险，并且在2014年城市老年家庭平均每月收入已经达到7350元，其中用于消费的支出占收入的45%，比2010年增加了50%。更好的物质基础和生活环境使得新一代老年人更乐于将更多的收入用于提升生活质量，食品、旅游、文化教育和休闲娱乐等都是在近年来出现快速增长的细分消费领域。

因此在中国，老龄化带来的不仅是经济增长潜力的下降，更带来了行业重构和发展的机遇。全国老龄工作委员会表示，中国老年产业的规模到2020年将达到8万亿元，而到2030年将达到22万亿元，对GDP的拉动将分别达到6%和8%。结合中国老龄化的现状和发展趋势，老龄化趋势将对零售、旅游、文娱、科技、医疗、地产、金融等行业的发展产生深远的影响。

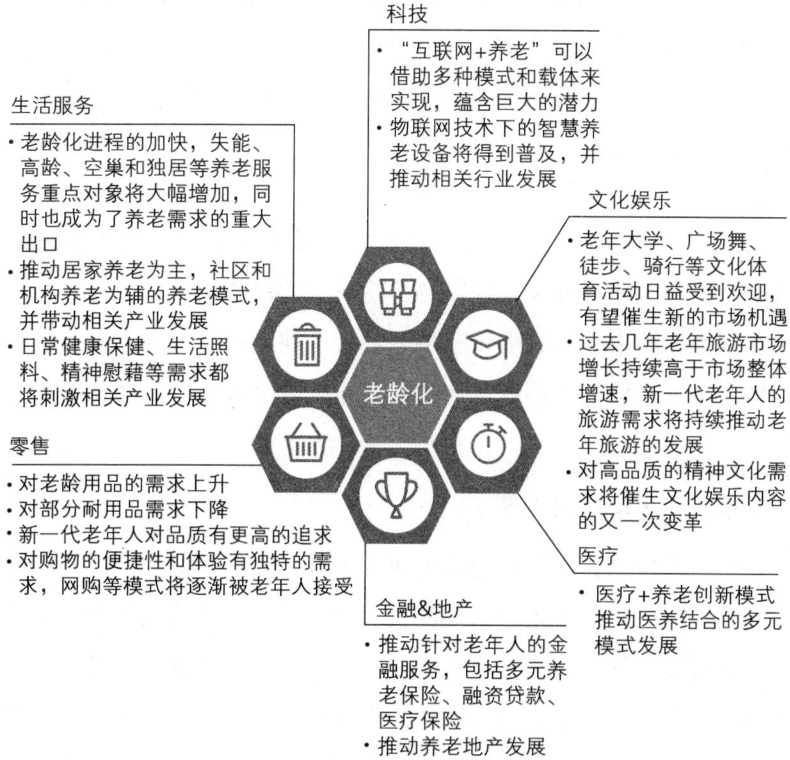

图1－11　老龄化带来行业新机遇

资料来源：德勤研究。

另一个可能减少老龄化负面影响的因素是数字技术为中国带来了很多令人惊讶的变革。面对急剧上升的劳动力成本，中国政府决定通过使用机器人和人工智能推动价值链往上游移动从而提高生产力。

机器人和人工智能可以替换掉重复性工作岗位，受其影响最大的也是这些岗位，而非那些需要人力交互的工作。这对中国而言尤其是一个挑战，因为中国近几十年的进步更多集中在制造业而非服务业。在其他条件都一致时，就意味着，机器的兴起对中国的改变远大于其他国家。

（1）一家大型能源公司建了4家示范性智能工厂，而这几家试点工厂的劳动力生产力提升了10%以上。他们在中国南方镇海的工厂是中国首家全封闭、全自动的化工厂，而这家工厂的员工减少了66%。

（2）一个大型家电制造商对自己的工厂进行智能化改装，并且将超过3000名员工缩减为700名。

（3）在发展得火热的金融科技行业，中国可能成为全球领袖，有趣的软件越来越普遍。投资和交易领域到处是人工智能的身影，它利用大数据预测市场趋势，提高投资组合的表现。

（4）在医疗行业，人们也在打造机器设备来完成一些类似辅助医疗成像、精确医疗、健康管理以及药物研发的任务。

在可预见的未来，数字化会持续进行，加上机器人和人工智能的发展，将会进一步推动劳动者从重复性工作中解放出来，转而从事创新性工作。

千禧一代驱动行业变革

财富的快速增长、消费需求的快速上升，使得千禧一代成为未来消费市场的中流砥柱以及重塑市场的核心力量。更高的消费欲望、更强的消费能力以及多样化的消费需求构成了新一代消费者的主要特征，基于上述特征，结合经济学人等机构的数据预测，新一代消费者的消费增长势头仍将延续，并贡献超过60%的消费增长，新的消费力量的崛起将引发新一轮的行业重构。

个性化和体验化的需求是新一代消费者的一大特征，因此新一代消费能力的提升将无法为消费市场带来普遍的市场增长，即使在新一代消费者中，不同年龄阶段的消费者对于选择的标准也存在明显的差异。相比于老一代消费者，千禧一代的人们已经不那么物质主义，相比于实物消费，超过一半的年轻人都更看重体验，个性化、创新型的体验更容易被新一代消费者接受，这也使得时下分享经济、出境旅游等新的消费理念变得越来越流行；而在实物选择方面，新一代消费者更注重实用性、品质和个人喜好，对于奢侈品的推崇已经不如上一代消费者。同时，新一代消费者中男性消费者也正在崛起，他们更关注外表和健康，也更乐于享受生活。由此也将引发美妆、鞋服、运动等相关产业的新一轮需求变化。

中国千禧一代的又一特点是网络化和数字化，作为互联网时代的原住民，互联网在这些人群的日常生活中扮演着不可或缺的角色。中国的千禧一代仅仅凭借手机就可以进行购物、支付、社交、阅读、游戏，因此千禧一代成了中国数字化进程的重要推动者，由此也将带来零售、支付、营销、娱乐、教育等多方面的革新。

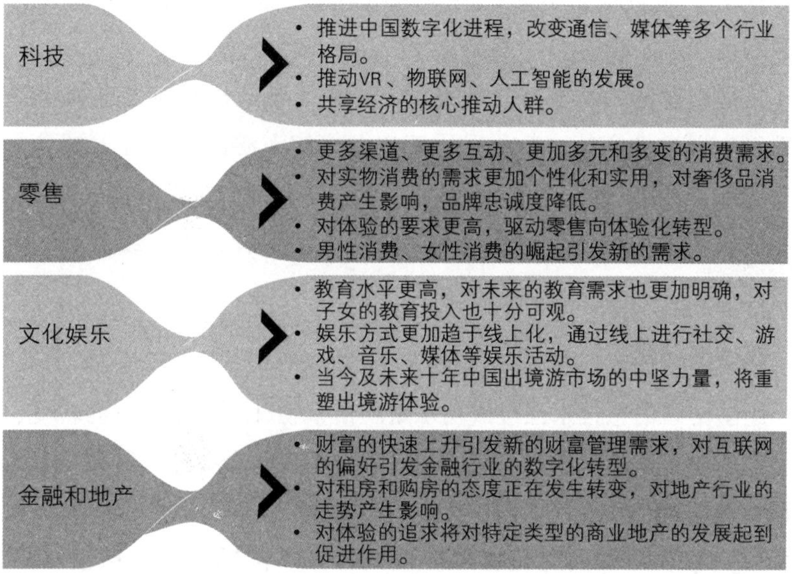

图1－12　千禧一代驱动行业变革

资料来源：德勤研究。

1.5　新技术：生态圈变革的动力

以移动互联网技术、人工智能、机器人、云计算以及大数据为代表的一系列新技术正在改变生态圈各方的参与方式。这一系列新技术已经步入商业化阶段，并开始对传统行业各参与方产生不同程度的影响，传统生态圈的变革进程已经开启。这种变革体现在以下三个方面：

一是劳动力结构变革。人工智能、云计算等技术的应用将通过提高信息利用效率的方式简化生产与管理流程，减少冗余人员。另外，机器人的广泛应用将取代从事流程化工作的劳动力，从而造成劳动力占比下降，技术人员与管理人员占比上升，企业劳动力结构发生变革。

二是盈利模式变革。移动互联网技术为共享模式奠定了技术基础，用户对产品或服务的关注焦点从拥有占有权向使用权转变，更加注重使用体验。由此，企业的盈利模式将逐步从出售商品向提供服务演变，能否提供更贴合用户使用习惯及需求的产品成为是否能够盈利的重点。

三是产业链关系变革。新技术带来的变革造成传统产业链上下游关系发生根本性变革。企业采用新技术将使上游的产品提供端参与者类型增加，同时用户也将受到产品功能发生变化的影响而有所变动，可能由以个人消费者为主变化为以企业级消费者为主，或者是二者兼而有之。

技术推动变革

中国网络信息技术已经成功从跟随借鉴朝开创新模式方向转变，引领全球产业变革潮流。新一代网络信息技术成为企业进行转型与升级的驱动力与契机，并逐步重构各行业生态圈。

（1）移动互联网时代已经全面到来。中国网民规模居全球第 1，2016 年整体网民规模已经达到 7.1 亿，渗透率达 51.7%①，其中手机网民占比为95%，达7 亿人。移动互联网的重要性已经超越 PC 网络，基于移动互联网的新产品、新模式不断涌现，各行业纷纷顺应移动互联网潮流的变革，如金融领域的移动支付、交通领域的共享出行、媒体领域的新媒体等。

移动互联网技术应用成果已爆发，通过与各行业融合改变了产品与用户的交互关系，提升工作与生活效率，在此基础上新的商业模式已经出现，传统行业的产业链以及盈利模式已经发生改变。

---

① CNNIC，第 39 次中国互联网络发展状况统计报告 . http：//www. cnnic. net. cn/hlw-fzyj/hlwxzbg/hlwtjbg/201701/t20170122_ 66437. htm.

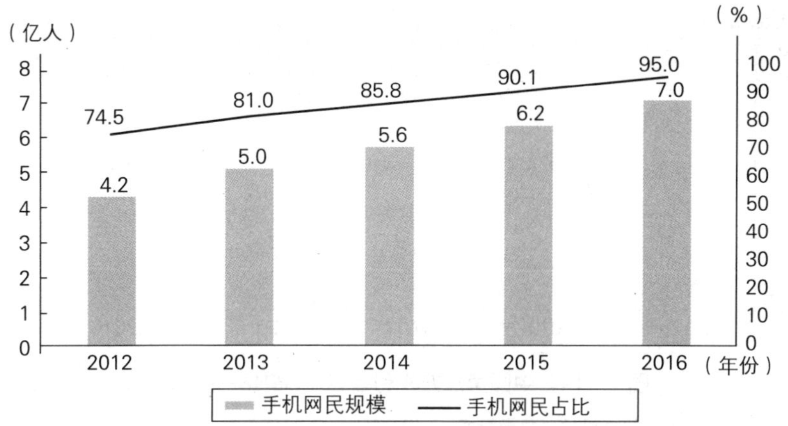

图1－13　中国手机网民规模及占比（2012—2016）

资料来源：CNNIC，德勤研究。

一方面，移动互联网技术可以将众多产品功能集中于一款移动端应用，用户可以打破时间、空间的限制进行使用，便捷性的大幅提升满足了用户对更高效率的要求，因此原有产业链中固守烦琐流程的一环受到强烈冲击，部分业务被移动互联网技术公司分流，产业链参与方数量增加。移动支付技术是其中的最佳代表，在中国的一二线城市出门带上手机即可实现从搭乘交通工具、购物、娱乐至餐饮等各个生活场景的消费。不同于西方国家仍以银行发放的信用卡进行大规模支付行为，中国第三方支付的快速崛起允许用户可以不再通过银行进行非现金交易，服务提供端参与者类型不再限于金融机构，移动互联网公司也已经成为重要的服务提供者。2016 年中国第三方支付规模已经超过 30 万亿元人民币，成为全球最大的第三方支付市场。

另一方面，移动互联网技术的应用为初创企业创新盈利模式提供了可能。利用移动端连接各种应用的便捷性远超在传统固定时间和地点进行的消费活动，由此随时随地可取用的使用效率超过购买使用模式，用户的关注点也从占有转移至使用体验。共享经济的火爆发展就是受益于移动互联网技术的新型商业模式，其中共享出行是发展最快也较为成熟的一种形式，借助于全球最大的移动支付体系，中国的共享出行使用频

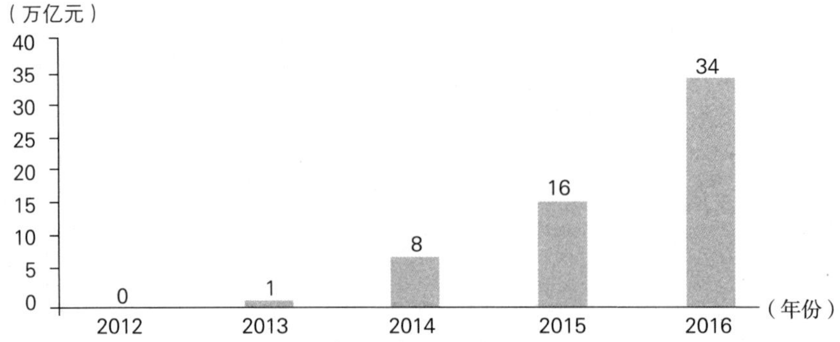

图1－14　中国第三方支付规模（2012—2016）

资料来源：易观国际，德勤研究。

率稳居全球首位，其使用次数超过其他所有经济体的总和。用户的消费模式已经从购买自行车或汽车转变为付费使用，在提升社会资源使用效率的同时也意味着企业业绩增长的核心已经由从扩大销量变为提升使用率，这也意味着生态圈参与方合作模式的转变。

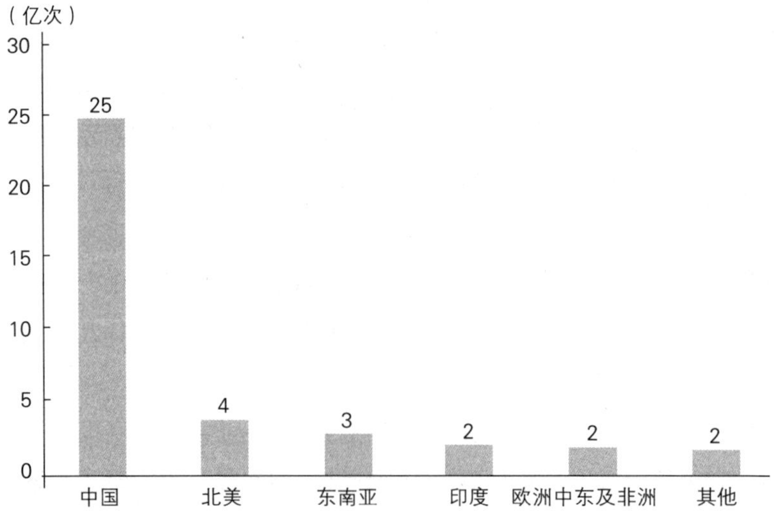

图1－15　共享出行次数（2017年第一季度）

资料来源：高领资本，德勤研究。

（2）人工智能在各行业的大范围应用。AlphaGo与职业围棋选手李世石的对决使人工智能这一概念为公众所熟知，实际上人工智能通过以深度学习为代表的技术改变了人机交互模式，其应用已经渗透进日常生活领域，例如，资讯推送应用向用户推送具有针对性的信息，美颜应用对照片进行美化等。借助海量数据进行学习，深度学习技术在短时间内得到大幅提升，如视觉识别技术的正确率（96%）在2015年超过人眼的正确率（约95%），并在2016年进一步得到提升，达到97%，而在2012年仅有75%的正确率。人工智能技术的快速进步使其在广泛领域内的应用成为可能。

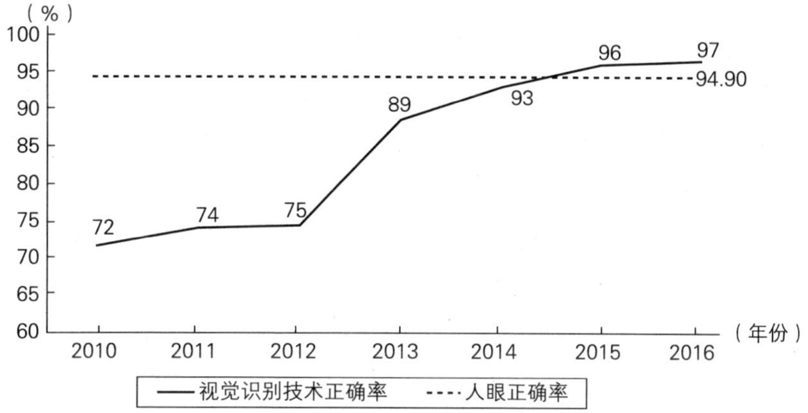

图1－16　视觉识别技术正确率（2010—2016）

资料来源：公开资料，德勤研究。

人工智能技术能够通过不断学习从而完成一系列任务，并达到人类的水平。传统各行业的活动由劳动力、技术人员与管理层共同协作，生产与服务均由人主导，而人工智能技术的发展使机器取代人类劳动者成为必然趋势，这也就意味着生态圈将彻底得到变革。人工智能技术在各行业的全面应用也意味着产业链上下游各个环节的参与者将发生变革，人工智能技术提供商将加入并成为至关重要的一环。

例如，以人工智能技术为核心的无人驾驶领域将颠覆整个汽车行业的上下游产业链。上游供应商已经由原本单纯的硬件供应商转变为无人驾驶技术提供商与智能硬件供应商；汽车制造企业参与者也开始多元化，既包括通用、福特等进行转型的传统汽车生产商，也包括特斯拉、谷歌、苹果等高科技公司以及Uber、滴滴等共享交通代表的共享经济企业；下游汽车用户群体也面临着变革，由个人消费者为主逐渐演变为企业级客户。

（3）瞄准机器人技术的发展契机。劳动力成本上升、人口红利逐步消失等问题推动机器人在中国市场的普及，各个行业将开启机器人替代劳动力的进程。

机器人技术对生态圈变革的影响在劳动力结构变革方面最为直接，劳动力数量将受到挤压，劳动力—技术人员—管理层的金字塔结构转变为以技术人员为主的橄榄型结构。工业机器人进驻工厂将取代大量工人，整个生产流程由机械臂完成，技术人员只需处理技术故障即可完成生产；在服务领域，从事流程化的工作将使用机器，管理与技术人员占比上升，约有30%的银行职位将直接被机器人取代，阿里巴巴等企业研发出的聊天机器人可以满足不同客户的需求，从而实现提高咨询效率，降低劳动力需求。

（4）中国云计算发展迅速。中国云计算虽然起步较晚，但发展速度更为迅速，互联网巨头已经纷纷涉足，如阿里巴巴、腾讯、百度、京东等。云计算技术提供商向其他企业提供更为强大的数据处理能力与高质量解决方案将降低服务使用方对劳动力的需求结构。一方面，企业购买云服务可以简化企业内部从事数据处理的部门，减少人员冗余。另一方面，将信息服务外包给更为专业的技术提供商可以更低的成本获取更高质量的服务，提升企业运行效率也就意味着劳动力需求的降低。

例如，在社交服务领域，可以借助云计算实现对大量社交信息请求的响应，社交平台无须再组建数字化部门从而减少冗余员工；在物流领域，通过使用智能云计算技术可以快速识别手写快递单，3小时识别2000万张快递单，相当于8000名劳动力的劳动量①，通过提升效率从而降低普通劳动力的需求。

---

① http：//news. iresearch. cn/content/2017/07/269043. shtml.

（5）大数据提供精准分析。大数据技术的发展得益于计算能力提升、计算与数据存储成本的下降。大数据技术的应用改变了传统产业链上下游清晰的边界，使供给与需求边界变得模糊。企业借助大数据挖掘用户偏好，对特定类别的用户提供定制产品或服务，用户在某种程度上通过自身消费行为间接参与了产品与服务的设计、营销以及购买方式的变革，由此产品供给端与需求端通过大数据相互影响。

例如，在制造业领域的大数据应用打破以往的由供给端直接提供产品，消费者被动选择购买的模式，向用户提供个性化定制产品，制造业企业开始注重柔性化生产能力，大规模标准化生产逐步向定制化产品让步。在服务领域，通过大数据挖掘用户购买频率及购买习惯分析商品消耗情况，预测消费者消费行为对物流进行提前调整，改变了用户下单后仓库再进行物流调度的应变式操作流程，建立智能仓储与物流体系，缩短销售周期。

第2章
智能机器入侵

FUTURE REIMAGINED

2.1 无所不在的人工智能

人工智能已经在众多领域进行开发与初期应用，并作为底层基础技术对原有技术进行优化，使其更加智能化，满足不同用户的个性化需求，因而该技术将对传统各行业生态圈产生影响，特别是在劳动力结构、商业模式、产业链上下游关系等领域产生影响。

2.1.1 人工智能步入商业化

近年来，由于人工智能技术已经逐步得到应用，对人工智能的定义更加注重实证性。维基百科对人工智能的定义是：人工智能是对于任何能够感知周围环境并采取可以使其行为成功率最大化的系统的研究。简言之，人工智能就是一台可以模拟人类相互之间认知能力（如学习与解决问题）的机器。经过半个多世纪的发展，人工智能正处于第三次快速发展浪潮中，算法得到进一步优化，超级计算机运算能力屡创纪录，甚至在某些方面人工智能已经超越人类，这也引发了人们的担忧。人工智能技术已经逐步得到商业化应用，促进了经济、技术和商业方面的巨大变革，特别是各行业生态圈已经开始受到影响，原有的行业间关系发生变革，上下游关系发生变化，催生了一批新行业领域创业者。

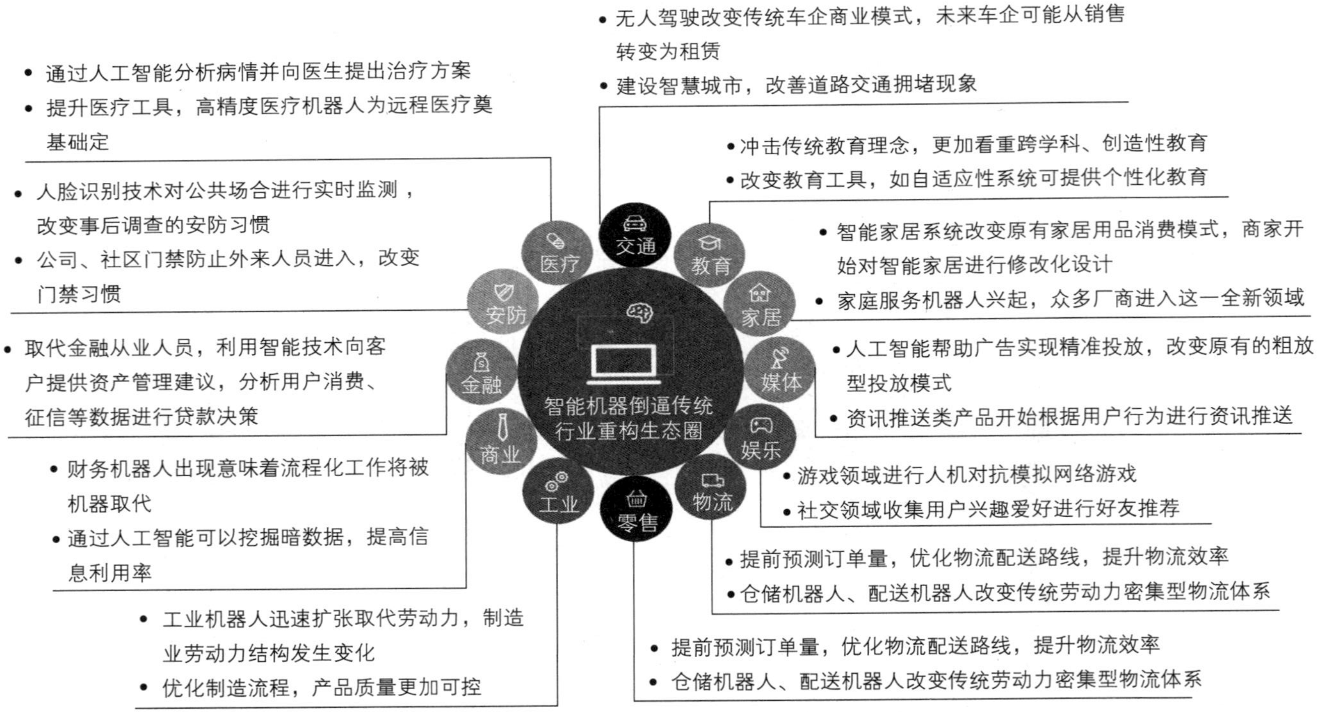

图 2－1　智能机器倒逼传统行业进行生态圈重构

资料来源：德勤研究。

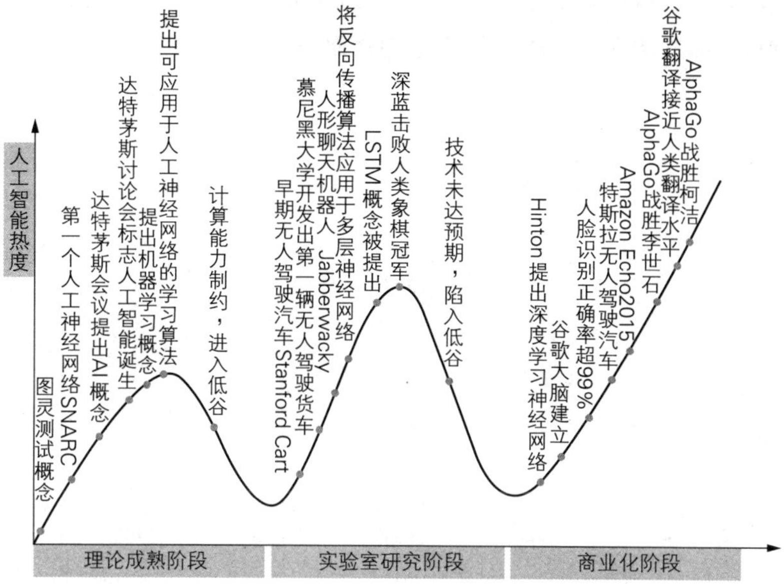

图2-2　人工智能发展阶段

资料来源：公开资料，德勤研究。

（1）科学理论成熟。进入20世纪，人工智能概念得到明确，并在科学理论层面得到了跨越式的发展。1955年，达特茅斯会议召开，这次会议成为人工智能领域的标志性事件，催生了现在人们所熟知的人工智能。在此阶段的发展过程中，人工智能产生的理论基础已经发展得较为完善，例如，1950年，阿兰·图灵提出“图灵测试”，如果超过30%的测试者在隔开的情况下无法判断出被测试者是否为机器，则该机器被视为具有人类的智能；1951年，人类成功打造出第一个人工神经网络SNARC①。

（2）实验室条件下研究。20世纪下半叶，人工智能在实验室中取得了一系列的进展。斯坦福大学研发出自动驾驶汽车，日本早稻田大学研制出能够与人进行沟通、演奏电子琴的机器人。然而，当时计算机的

① 从1308年到2016年，人工智能在这700年时间里发生了什么. http://www.sohu.com/a/125274599_115035.

计算能力无法满足人工智能的发展，人工智能技术实现程度远低于公众的期待，第二次人工智能“低潮”随之而来。

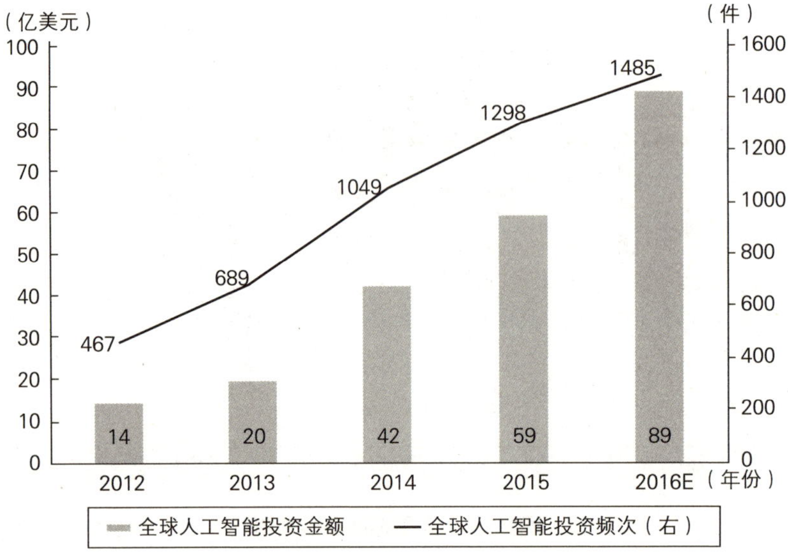

图2-3　全球人工智能投资金额与数量

资料来源：CBinsight，德勤研究。

（3）商业化。20世纪末至今，人工智能科学家一直致力于将人工智能应用于日常生活中，研发出可以与人类智商相媲美，甚至超越人类的人工智能机器人。人工智能已经成为众多新兴行业的技术基础，如机器人、大数据等，全球的互联网巨头已经投入人工智能研发领域，全球人工智能企业并购次数也随之呈现递增的趋势①，通过并购手段获取人工智能核心技术，完善围绕人工智能的生态系统。实际上，人工智能早已商业化，介入人类的生活，如Google翻译采用深度神经网络能够减少60%的翻译错误，新闻搜索APP今日头条可进行智能搜索排序，甚至连手机必备的淘宝客户端也已采用人工智能技术，包括个性化产品推荐、智能物流机器人等。此类的手机应用不胜枚举，未来的手机APP必将被人工智能技术全面侵占，以此来确保产品服务质量，提供差异化

① The race for AI：CBinsight.

服务。

2.1.2 人工智能贯穿经济各领域

人类社会进入的人工智能时代实际上是互联网时代的延续。互联网时代，科学家建立起人类与机器人交流的各种机器语言，机器机械地按照人类的要求执行命令，输出结果。而人工智能时代的机器人与人的关系并未发生颠覆性的改变，从目前来看，人工智能产品仍是人类进行生产、创造利润的工具，唯一改变的是机器与人类交流沟通的方式更加符合人类的习惯，图像识别、自然语言处理等技术使双方的交流更加流畅。再加上超级计算机提供的强大计算能力，人工智能为生产效率提升所做出的贡献将远超互联网。

人工智能毫无疑问已经成为影响未来经济发展的重要力量，从谷歌、亚马逊等全球科技巨头到制造业、零售业领导者都在转变公司发展策略积极拥抱人工智能。2017 年苹果开发者大会中，机器学习、人工智能贯穿所有产品，人工智能已经融入苹果生态圈中，苹果已经不甘于在人工智能方面的落后，发布了 Core ML，这是能够用于移动端设备人工智能开发的 API，目的是加速终端上运行的人工智能任务①。

中国人工智能技术的发展正迎头赶上美国，自 2014 年开始中国在深度学习领域发表的科研论文数量已经超过美国，占据领先地位。

据工信部统计数据，2016 年中国人工智能市场规模达 239 亿元，预计 2018 年将有望超过 380 亿元。中国企业也力图在人工智能市场占据一席之地。

传统的互联网巨头 BAT 已经率先入场，通过介入人工智能技术优化业务流程，创新生态圈。阿里巴巴将人工智能与自身电商属性相结合，力图在电商领域建立从上而下的全流程人工智能服务，利用人工智

---

① 苹果开发者大会 WWDC2017：首次全面展示苹果的人工智能. http：//tech. sina. com. cn/zl/post/detail/it/2017 -06 -06/pid_ 8511220. htm? source = cj&dv = 1.

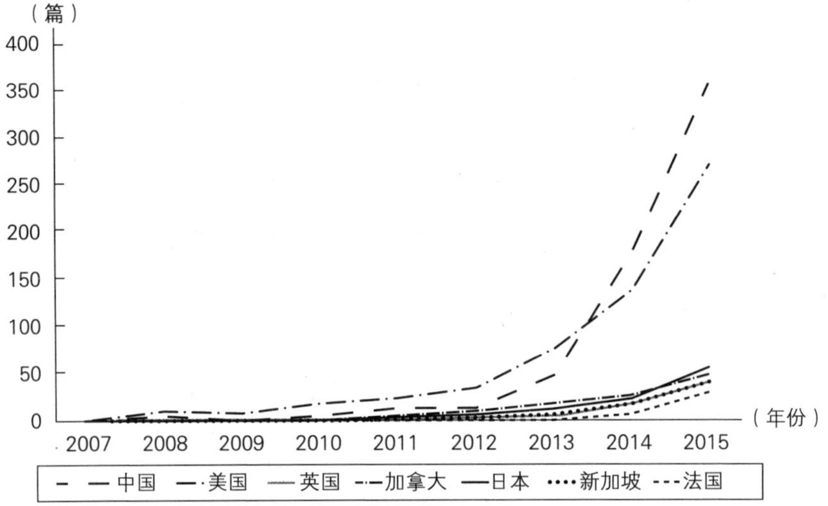

图2-4　各国深度学习领域发表论文数量

资料来源：科学和技术政策办公室/白宫，德勤研究。

能算法向用户推送产品信息，用户支付过程中不再依靠传统密码服务，而是采用“刷脸”技术支付，对一定区域订单进行预判，提前布局物流仓储服务，研发配送机器人解决“最后一公里”问题。百度公司在图像识别、深度学习、无人驾驶等技术领域都达到了全球领先水平，其中强化学习技术、自动驾驶技术和人脸识别技术被美国《麻省理工科技评论》评为2017年全球十大突破性技术。

人工智能“战场”也涌现出许多在技术领域傲视群雄的初创公司，如商汤科技在2014年人脸识别测试LFW系统中的准确率超过Facebook、Google，首次超越人眼识别水平①。中国人工智能初创企业有一半以上已经获得投资，其中不乏融资金额过亿元的企业。而有些初创企业已经不再满足于人工智能技术的突破，开始探索商业模式，如Face++。

---

① StarVC投资商汤科技，占领人工智能风口. http：//tech. sina. com. cn/it/2016-04-26/doc-ifxrpvea1204634. shtml.

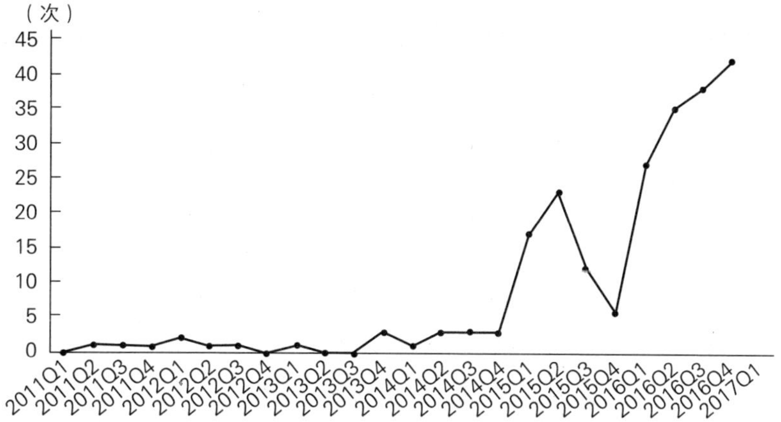

图2-5　中国人工智能初创公司获得融资次数

资料来源：《2017年AI图谱大报告》，德勤研究。

2.1.3　智能时代的技术变革

人工智能技术将对互联网时代的技术造成冲击，以其前所未有的破坏力，通过深度学习、大数据、人机交互模式作为其他产业的基础技术手段对原有产业产生深远影响。搜索引擎是互联网时代的标志，最传统的网页排序算法是找出所有影响网页结果排序的因子，然后根据每个因子对结果排序的重要程度，用一个人为定义的数学公式将所有因子串联在一起，计算出每个特定网页在最终结果页面中的排名位置①，而利用人工智能技术的搜索引擎更像是与人类的对话，不仅能结合场景对搜索结果进行结构化处理获得更为准确的内容，提升信息搜索效率，而且能在历次的搜索中捡取搜索特征，利用大数据分析技术，在提高用户信息获取效率的基础上提供针对用户个人的服务。利用自然语言处理技术这一人工智能最核心的技术，搜索引擎已经能像人一样思考，通过对问题进行一步式解析与再处理，直接反馈给用户结果，无须对问题进行拆解。而随着自然语言技术的成熟，搜索引擎甚至能够结合已完成的搜索

① 李开复，王咏刚．人工智能．

结果与用户进行同一问题的进一步探讨。此外，属于劳动力密集型的物流行业也正在被人工智能改变，机器人在人工智能技术的支持下进行包裹分拣、运输与派送，人类只需进行监管工作即可，所需劳动力急剧下降，但投递效率与精准度却远超人类。

人工智能技术是未来科技产品的底层技术，由四部分组成，认知、预测、决策和集成解决方案。认知技术包括自然语言处理、机器视觉等获取外界信息的技术；预测是指基于外界信息进行推理，如个性化推送；决策则是实现既定目标的手段；最终人工智能与家居等结合生成集成解决方案，如智能家居系统、自动驾驶系统①。

人工智能技术中处于认知阶段的技术主要包括自然语言、机器视觉、深度学习等，这三项技术已经在商业领域内得到不同程度的应用。

自然语言

自然语言的应用价值不仅仅体现在机器人与人简单的聊天功能，其应用范围极其广泛，包括智能家居领域、无人驾驶领域、机器人领域、商业分析领域等。自然语言处理技术能够改变人类与机器的互动方式，通过语言直接下达命令，缩小人类语言与机器语言之间的差距。

例如，在处理商业数据方面该技术将发挥重要作用。目前，在商业数据中隐藏着许多无法被目前技术手段进行利用的暗数据，包括短信息、文件、邮件、视频、语音、图片等非结构化数据。随着物联网的扩展，预计到2019年产生的暗数据将是传送至数据中心的269倍。直至今天，公司只使用了极其小部分的数据以辅助商业决策。

原有的分析工具与方法对于非结构性数据无法进行有效分析。自然语言处理技术的成熟可以使电脑能够直接理解决策者的需求并提供相应的答案，不再通过搜索关键字的方式获取信息。数据机器人可能在回答公司收入等问题时不仅仅是将所有数据筛选出来，根据其理解的问题对用户的使用意图进行推测，能够在筛选原始数据的同时组成完整的答

① 麦肯锡：中国人工智能的未来之路.2017年3月.

案。根据IDC预测，截至2020年，相较于未对暗数据进行分析利用的公司，利用暗数据的公司将获得额外4300亿美元的收益。

机器视觉

机器视觉一直以来都是人工智能技术领域的热点之一。其中人脸识别潜在应用范围较广，最易于普及。相较于传统密码识别技术来说，人脸识别技术更具安全性，不易被破解，且能有效解决为提高密码安全性增加密码复杂程度带来的输入不便问题。此外，人脸识别的唯一性还能有效规避多个账号、多个密码，记忆不便的问题，提高解锁效率。

人工智能人脸识别机器人识别准确率已达到九成以上，算法准确率不断提升，推动人脸识别技术覆盖范围扩张。各大银行也在金融领域布局人脸识别技术，招商银行开启“刷脸”支付业务，人脸识别ATM也已通过验收。医疗领域的运用主要在发卡、医疗检查等领域，通过支持人脸识别的医院信息系统将自己的面部特征与医院就诊卡绑定，在医疗检查过程中通过人脸识别对患者进行身份核对以降低医疗差错的发生率。教育领域主要运用在监考系统中，通过精确对比考场考生、阅卷办公室人员脸部信息，防止证件伪造、替考等行为。同时，国内智慧城市不断深入发展，城市监控设施覆盖范围不断扩大，清晰度不断提升，摄像头密度不断加大，人脸数据采集阻碍降低，推动人脸识别在公共安全领域所发挥的作用不断扩大。

互联网巨头引领技术相关探索，预计人脸识别将应用于更加丰富的场景。公众的日常生活已经被大楼门禁、交通摄像头、银行安保摄像头等包围，无处不在的摄像头连接上人脸识别技术，原有的安防效果将被迅速放大，每个人的行为都能被监控。阿里巴巴同外界合作研发人脸识别技术以提高移动支付的安全性，腾讯各产品将逐步采用人脸识别技术，百度将人脸识别作为深度学习重点研究项目。

深度学习

2017年云上深度学习向端上转移的趋势亦将逐渐凸显，新一轮人工智能热潮或将实现移动端离线下的自主机器学习。根据德勤全球的预测，2017 年超过 3 亿部智能手机——售出的超过 1/5——将具备机载神经网络机器学习能力。这些计算机模型旨在模拟人脑结构与功能的方方面面，用各个组件来代表神经元及其互联情况。有了它们，智能手机即使没有连上网络也能执行机器学习任务。

过去的一年，移动端借助云端深度学习的发展实现了更智能化的用户体验。然而，云端智能也存在其局限性。首先，是对数据传输的依赖性，虽然目前智能技术已可在移动端实现，但其核心算法均需在云端完成，一旦网络中断，移动端将无法独立完成智能任务。这使移动端智能在医疗、无人驾驶、无人机等领域存在安全隐患。其次，云端庞大的服务器集群使每一项智能技术的实现消耗了海量电力。例如，移动端本身的非智能化会造成它毫无保留地传送数据于云端并执行任务，或是某项智能技术在终端的实现并不需要云端如此大的数据库运算。当无法计数的移动端非智能化地依赖于云端，云服务器对电力的消耗将是一个天文数字，造成不必要的能源浪费。

此外，人类生活对移动端与物联网设备的日益依赖，从需求的角度促进了云上智能向端上智能发展的态势。但现阶段端上智能的应用远远无法满足人们对人工智能的需求。端上智能的进一步突破需要硬件与技术在小型移动端的优化与配合。我们预测，适用于移动端的人工智能专用芯片和紧凑型神经网络算法将在 2017 年取得进展。

2.1.4 人工智能倒逼变革商业模式

劳动力结构变革，朝人机协作方向发展

伴随着人工智能逐步渗透入日常工作与生活，以人工智能为基础的一系列技术已经实现商业化应用并开启了取代人类工作的进程。未来 50% 的工作将被人工智能替代，且这一天将会很快到来。而在中国，这个数据是 77%①。

① 科学杂志 . http：//www. sohu. com/a/119873178_ 101928.

技术发展的不断加快和机器自动化发展对人类劳动力的需求将会减少。蓝领和白领工作将蒸发，工薪家庭和中产阶级家庭受到进一步挤压。律师、记者、证券分析师，甚至程序员都将被取代。科学技术将以更快的速度进步，但这并不意味着大规模失业，而是劳动力结构的调整，人工智能的进一步深入将推动劳动力从简单、重复性的劳动中解放出来，从事更具有创新性质的工作。但这也意味着劳动力市场需求将从低技能岗位转入需要大学或高等学位的高技能职业①。

产业链上下游关系变革

传统制造业产业链中上下游的关系也将发生根本性的变革，特别是在生产与产品消费过程中。

在生产过程中，技术供应商与传统服务或产品厂商的结合将是未来商业发展的方向之一。利用新技术或产品将推动用户消费习惯转变，在打车软件还未普及之前，乘客直接到马路边等待路过的出租车，现在用户可以直接在软件上约车，推动了车辆共享，更加便捷高效。在人工智能时代，传统制造业企业在生产过程中已经开始与技术巨头进行合作。例如，传统家电品牌美的与地平线机器人合作开发智能家居、传统车企福特收购人工智能企业 ArgoAI 以开发人工智能虚拟司机系统，预计将在 2021 年推出全自动无人驾驶汽车。

在产品消费过程中，制造业也将面临巨大的变革。以汽车行业为例，传统车企将使通过经销商向消费者销售汽车的模式转变为向下游提供交通服务，一方面车企可以自行组建无人车队向消费者直接提供服务，另一方面车企也可能将车辆租赁给专业服务公司，再由服务公司向消费者提供统一的无人驾驶出行服务。

盈利模式转变：数据至上

海量数据是深度学习开展的首要条件。人工智能若拥有海量数据，通过不断学习甚至人类也会被人工智能碾压。在人工智能时代拥有大量

---

① 耶伦．华尔街见闻．http：//wallstreetcn. com/articles/282614.

数据的二流科学家取得的成就将超过数据短缺的一流科学家[①]。中国涉及人工智能领域的企业得益于人口众多、消费数据丰富、消费场景复杂等条件，能够得到更多的可用数据，中国在人工智能时代取得大成就可能远超互联网时代。大量的企业以数据为中心向用户提供服务，如智能家居生产企业通过传感器收集用户习惯进而准确把握用户需求向用户提供包括安防在内的服务。

2.2 无人驾驶在路上[②]

全球汽车行业正在针对未来交通和出行方式演变进行重要且激烈的讨论，引发这波讨论的正是一系列推动行业变革的驱动力与行业大趋势的聚合。创新技术正在改变汽车厂商研发和生产汽车的方式。电动车和燃料电池汽车能耗低、排放少、动力更强劲[③]。全新轻量化材料能使汽车制造商在减轻车体重量的同时，又能保障乘客的安全性。

技术上进一步的突破正推动自动驾驶汽车成为现实；新闻报道中越来越频繁地提及无人驾驶汽车有望在不久的将来实现商业化。我们已见证了“车联网”的迅速发展，车联网的创新在于将通信技术与物联网相结合、向驾驶者提供高附加值服务。遍布车身的电子控制模块和传感器，将有助于实现车车互联（V2V）及车与基础设施互联（V2I），车辆可以主动建议更改路线，避开道路危险，并在遇到事故时请求援助[④]。很快，汽车将能精准地得知它们与其他车辆的相对位置并且识别潜在的危险，从而事先采取措施以避免事故。

同时，都市中的年轻人越来越倾向于按使用付费的个人出行消费模

① 李开复采访。

② 本节主要观点和数据来自德勤 *Future of Mobility*.

③ 消费者报告。*The pros and cons on alternative fuels*。2014 年 2 月，www. consumerreports。org/cro/2011/05/pros-andcons-a-reality-check-on-alternative-fuels/index。htm，2015 年 9 月 14 日访问。

④ 这些技术有很多的例子，包括 BMW 的 Real Time Traffic Information，一种避免交通改道的导航系统和 GM 的 OnStar（自动紧急事故响应系统）。BMW，“Make progressinstead of standing still”，2013 年，www. bmw. com/com/en/insights/technology/connecteddrive/2013/services_ apps/rtti.

式，而不是选择缴纳一笔购车的预付款，这从根本上挑战了当前以私人拥有汽车为核心的消费模式。

总之，一个历经百年且根深蒂固的体系正迎来重大变革，围绕个人出行的新型生态系统①将孕育而生。如今讨论的重点是泛汽车（extended automotive industry）行业是否将逐渐朝着未来交通生态系统的方向演变，还是以更激进、更具颠覆性的方式发生变革。无人知晓这场变革的广度、深度和影响力，以及未来将以何种方式继续发展；然而，这些聚合力量很有可能改变当前的行业结构、商业模式、竞争态势、价值创造和客户价值主张。汽车行业可能即将经历其他行业都从未有过的巨大变革。

鉴于几种塑造格局的不同力量，我们预计以下两种重大趋势的交汇将形成四种不同的个人出行未来情景（见图2－6）。

（1）汽车控制（驾驶员驾驶与自动驾驶）。

（2）汽车所有权（私人拥有与共享）。

根据我们的分析判断，全世界将出现不均衡的现象，不同人群需要不同的交通方式，意味着这四种未来情景可能同时存在。换言之，商业领导者需要做好准备，使公司在未来四种情景下，面对不同的客户群体都能正常运营（至少是未来5～15年）。在此，我们详细描述了每种未来的情景以及促成其发生的条件。

2.2.1 未来情景1：循序渐进地变化

对未来持最保守看法的人认为应大力投资与目前体系密切相关的重

---

① 我们所说的“生态系统”是什么意思？Botanist Arthur Tansley 提出这个概念来描述自然界中有机体的共同进化和相互依存的网络；同样，在商界中，生态系统是一系列独立但相互联系的实体和功能共同组成满足人类需求的解决方案。用 Tansley 的话来说，所有这些部分“彼此影响并影响其环境；它们竞争和合作，共享和创造资源并共同进化；它们不可避免地受到外界干扰，但它们一起适应”。在运输界，这些部分包括汽车、基础设施、能源形式、服务及其他。Danone，“Arthur Tansley：The founding father of ecology was an honnêtehome”，Down to Earth，2012年8月14日，http：//downtoearth. danone. com/2012/08/14/arthur-tansley-the-founding-father-ofecology-was-an-honnete-homme/，2015年9月14日访问。

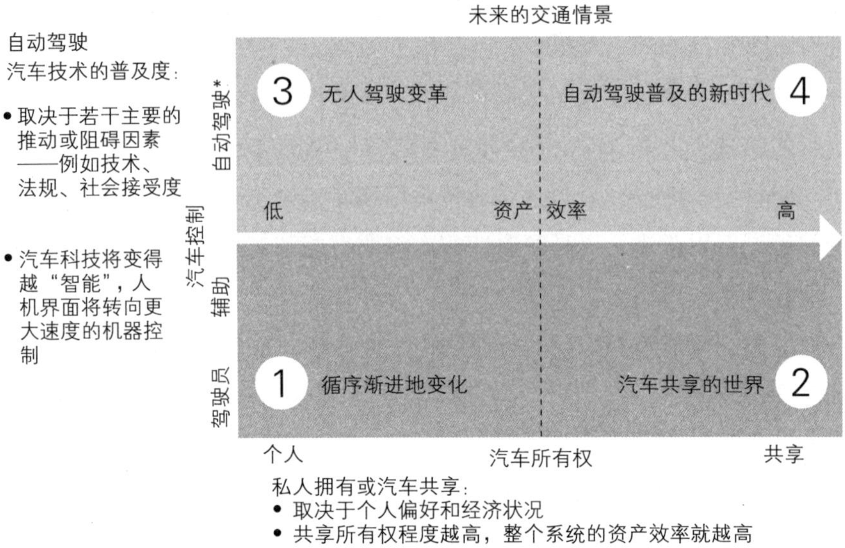

图2-6 四种潜在的未来情景

注：全自动驾驶意味着汽车的中央处理器完全负责控制汽车操作，这与驾驶辅助的最高级形式有着本质不同。上述数字中有一条明显的分界线（“分割线”）。

资料来源：德勤《未来汽车》，德勤研究。

大资产，他们假设这些资产的所有人既不会乐意放弃这些资产，也不会迫切地将资本转让给回报前景不明朗的新企业。这种观点认为，私人所有权将保持常态，消费者倾向于拥有汽车所带来的特有的私密性、灵活性、安全性及便利性。重要的是，这种观点认为，在当前加装驾驶辅助系统盛行的情况下，全自动驾驶将不会很快普及。

由于预见将发生的变化不大，因此该未来情景强调汽车制造商要依靠重视单位销量的业务模式。他们会继续投资于高端技术，进行新车的开发与引进，经销商则负责改善客户体验。其他行业参与者也会照样依赖于几十年来已创建完好的实务和架构。

2.2.2 未来情景2：汽车共享的世界

第二种未来情景预计汽车共享将持续增长①。在这种情况下，规模经济和竞争加速推动了汽车共享服务向新地域和更细化的客户群体扩张。此时，乘客更看重汽车共享带来的点对点交通的便利度，以省去交通导航之苦和寻找停车位的烦恼。另外，该系统也为老年人、低收入家庭以及无驾照的未成年人等非驾车者提供了出行选择。

在此种未来情景中，由于每英里的成本降低，有些人将汽车共享视作更经济、更方便和更可持续的出行方式，尤其是对于路途不远的点对点交通（参见下文关于出行的经济学分析）。由于共享出行在当地交通需求中占有很大的份额，因此拥有多辆车的家庭开始减少自购汽车的数量，而其他人可能会完全放弃车辆所有权，减少了未来的购车需求。

2.2.3 未来情景3：无人驾驶变革

在第三种情景下，无人驾驶技术被证明是可行、安全、便利和经济的，但私人购车依然盛行。顶尖学者、监管机构与企业之间相互合作，加速朝着该未来情景的方向演进②。科技和汽车公司继续增加投资，加强“V2X”（V2V和V2I）能力，同时，早期试点的成功促进了其迅速应用，无人驾驶技术正逐步走向成熟。

鉴于该未来情景，假设大多数驾驶者仍青睐自购汽车，个人会为了安全和其他益处，寻求无人驾驶功能，但继续自购汽车的原因与在自动驾驶出现前他们自购汽车的原因基本相同。由于新定制化时代的到来，他们可能会对自购的汽车投入更多，且在特定场合和情境使用定制车辆更具吸引力③。也就是说，车主愿意投资的功能及汽车本身的设计可能

① Andrew Bender，“Uber's astounding rise：Overtaking taxis in key markets”，福布斯，2015年4月10日，www.forbes.com/sites/andrewbender/2015/04/10/ubers-astoundingrise-overtaking-taxis-in-key-markets/，2015年8月21日访问。

② Ninan、Gangula、von Alten和Sniderman，Who owns the road?

③ 德勤的分析显示自动驾驶技术购买者的附加成本在3000~10000美元，就我们的评估而言，承担的额外成本为5000美元。

会改变；此新细分市场可能会提供更轻型、技术更高端的汽车，其设计原则与如今的四门、左舵驾驶控制方向盘的设计截然不同。

2.2.4 未来情景4：自动驾驶普及的新时代

第四种未来情景预测自动驾驶与汽车共享趋势相融合。在未来，交通管理公司提供广泛的乘客体验，以满足不同价位的需求①。鉴于高度自动化驾驶汽车缩短了行程，根据实时路况改进行车路线，提高出行速度，因此该模式最早最迫切的采纳者可能是都市通勤者。随着时间的推移，基础设施智能化程度的提高，驾驶者使用量剧增，自动驾驶共享汽车的车队可能会从市中心扩大到人口稠密的郊区及更偏远地区。

高级通信技术协调客户的点对点出行体验：直观的界面能让使用者在几分钟内下单，高效、安全地从 A 点到达 B 点，且经济实惠。汽车和交通网络系统运营商、车内内容体验提供商（如软件和资讯娱乐公司）和数据拥有者（如电信）可能利用进一步机遇，将乘客在行车途中的注意力以及与系统使用有关的其他大数据的价值货币化。

我们认为，从目前的出行状况来看，可能沿着共享使用的方向前进最为迅速，进而促进（向上）采用自动化驾驶。我们看到图 2 –7 所述的一系列步骤中发生的演进。

第一步：逐步采用共享模式

美国部分地区已从纯粹个人拥有汽车转向更依赖共享使用系统（即从图 2 –7 的第 1 象限到第 2 象限）。例如，汽车共享服务（如 Zipcar）

---

① Chad Vander veen, "A glimpse into the future of fleet management", Future Structure, 2014 年 6 月 5 日, www. govtech. com/fs/news/A-Glimpse-into-the-Future-of-Fleet-Management. html, 2015 年 8 月 21 日访问。

的客户群在过去六年内几乎翻了一番①，而拼车服务（如 Uber）每月新增 50000 名司机，仅 2014 年就在全世界完成了 1.4 亿个乘车交易。② 这些服务运用软件和硬件系统将司机与乘客相匹配，取得了迅猛发展。这些系统还结合了用户行为信息，以改善乘客和司机体验③。此外，随着与提升资产利用率有关的经济状况的改善，竞争加剧将压低市场价格。

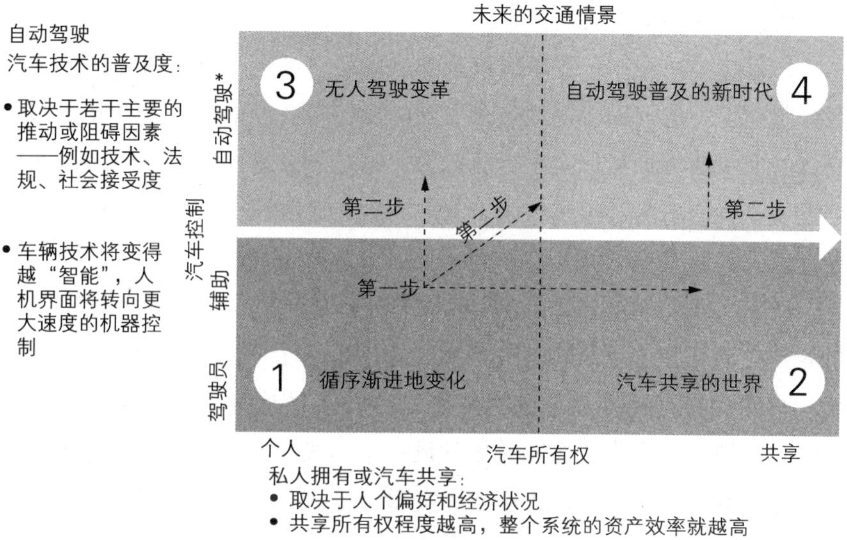

图 2-7 变革的过程

注：全自动驾驶意味着汽车的中央处理器完全负责控制汽车操作，这与驾驶辅助的最高级形式有着本质不同，上述数字中有一条明显的分界线（“分割线”）。

资料来源：德勤《未来汽车》，德勤研究。

① Susan Shaheen 和 Adam Cohen，“Innovative mobility carsharing outlook”，加州大学伯克利分校交通可持续发展研究中心，2014 年 11 月 11 日，http://tsrc.berkeley.edu/sites/default/files/Fall%202014%20Carsharing%20Outlook%20Final.pdf，2015 年 9 月 14 日访问。Ellen Huet，“Uber saysit's doing 1 million rides per day，140 Million in last year”，福布斯，2014 年 12 月 17 日，www.forbes.com/sites/ellenhuet/2014/12/17/uber-says-its-doing-1-million-rides-per-day-140-million-in-last-year/，2015 年 9 月 14 日访问。

② Ellen Huet，“Uber says it's doing 1 million rides per day，140 million in last year”，福布斯，2014 年 12 月 17 日，www.forbes.com/sites/ellenhuet/2014/12/17/uber-says-its-doing-1-million-rides-per-day-140-million-in-last-year/，2015 年 9 月 14 日访问。

③ Bradley Voytek，“Optimizing a dispatchsystem using an AI simulation framework”，Uber，2014 年 8 月 11 日，http://newsroom.uber.com/2014/08/semi-automatedscience-using-an-ai-simulation-framework/，2015 年 9 月 14 日访问。

第二步：向无人驾驶发展的转折点

目前，自动驾驶操作远不及汽车共享/拼车文化那般广受认可①。自动驾驶操作被延迟的根源包括需要解决现有技术的局限性，如在所有天气条件下均能正常运作的传感器和3D地图的广泛普及，以及对网络安全和可靠性的担忧②。这些问题及其他问题能多快被解决将是自动驾驶多快被采纳的主要决定因素。

与科技公司合作及竞争的汽车制造商循序渐进地寻求从完全由驾驶员控制到驾驶员辅助，再到自动驾驶的操控转变。如果无人驾驶技术是变革的唯一变量，当被汽车行业广为接纳之后，这种技术可能会逐渐得到发展。我们认为，这是从第1象限向第3象限演变的途径，循序渐进地进入无人驾驶变革（正在进行中）。

然而，我们亦看到变革沿着第二个平行的向北矢量（从汽车共享的世界到自动驾驶普及的新时代）发展。沿着这个方向，一股推动向无人驾驶时代发展的强劲力量也正在酝酿。Uber最近与卡内基·梅隆大学和亚利桑那大学合作，在匹兹堡开设一个高级技术中心，测试地图导航和无人驾驶汽车。③ 拼车服务经济实惠，能加速自动驾驶汽车的应用，因为它能减少该系统中最大的运营成本之一——司机。这些公司可以借此成本降低获得更大份额的消费盈余价值。如果拼车服务能应用自动驾驶，则可能极大地加快广泛使用，因为消费者将有更多机会体验无人驾驶技术，同时大幅减少个人出行成本。

此外，其他高科技参与者正沿着第三条路径朝自动化驾驶前进。例

① 截至2015年9月，Uber已在324个城市和60个国家提供服务。Uber，“Uber cities”，www. uber. com/cities。

② Doron Levin，“The cold，hard truth aboutautonomous vehicles and weather”，《财富》，2015年2月2日，http：//fortune. com/2015/02/02/autonomous-driving-badweather/，2015年8月21日访问。

③ Byron Spice、Ken Wal ters和Krist in Carvell，“Uber，Carnegie Mellon announcest rategic par tnership and creation of advanced technologies center in Pittsburgh”，卡内基·梅隆大学新闻，2015年2月2日，www. cmu. edu/news/stories/archives/2015/february/uber-partnership. html；Kirsten Kirosec，“Uber's mappingcars have a new high-tech home”，《杂志财富》，http：//fortune. com/2015/08/25/uber-selfdriving-cars-arizona/，均于2015年9月14日访问。

如，Google 的无人驾驶汽车项目正在测试不依赖驾驶辅助技术的进步而是直接迈入全自动化驾驶；Google 公开表示“没有驾驶员”的路径最安全。① 长远来看，仍不清楚 Google 是否打算支持共享自动驾驶出行，还是个人购车，抑或是两者都有。

当时机到来时，自动驾驶将带来颠覆性改变，而非遵循以往的技术创新模式。个人交通生态系统随之而来的变更可能将以许多公司无法想象的速度迅速发生改变（参见《延迟或加速的力量》）。

2.2.5 泛汽车行业的未来

在未来四种出行情景的生态系统中，价值的来源发生了深刻的变化。由于发展中的新生态系统尚未成形，我们希望与传统企业、泛行业参与者和颠覆者分享一些关于战略和运营影响的反思，以便权衡未来的发展方向。具体如下。

（1）行业的兴衰。生命周期需要很长一段时间才会结束，但变化终将发生。

（2）颠覆者对潜在系统效益和基本经济状况的愿景将引人注目。

（3）目前泛汽车行业有一条路径引领未来个人出行的转型，但需要从根本上迅速地改变商业模式。在未来的交通生态系统中有效竞争需要建立新的不同功能。如今泛汽车行业中的每个参与者均需要再次评估，从长远来看，在四种情景共存的情况下，当自动驾驶和共享出行成为主流出行方式时，该如何运营和创造价值？

（4）业内人士和颠覆者需要彼此。毫无疑问，个人出行商业环境的竞争非常激烈。然而，尽管汽车公司和极具挑战性的新进入者存有戒心且各自持有不同的愿景和观点，但他们将携手创造高度相互依赖、互利共生和合作共赢的新生态系统。

（5）强大的破坏范围远不止汽车行业。基于人类驾驶、个人拥有

① Chris Urmson，“How a driverless car seesthe road”，TED2015，www. ted. com/talks/chris_ urmson_ how_ a_ driverless_ car_ sees_ the_ road? language = en.

汽车假设的现代经济的方方面面将受到挑战。新生态系统中的每家公司均必须决定如何竞争和怎样取胜。在任何大规模转变的时期，我们都可以期待具有不同能力的新参与者现身，并改变创造价值的市场和方法的根本动力。最后，不懈追求以更低的成本创造更高业绩的市场将决定获胜者和失败者。

2.3 工业机器人推动产业升级

人工智能对制造业的冲击也日益突出，中国制造业面临的就是机器智能所带来的挑战。在不久的将来，机器人将进驻制造业进行技术升级，工业机器人将对中国制造业的发展产生重大影响。

2.3.1 制造业四大变化趋势

制造业不再只单纯生产产品，物联网使产品更能满足消费者个性化定制的需求，企业销售的不再是产品，而是产品与服务的结合体。这些趋势将不同程度地影响各个制造业领域。

制造业的变化趋势主要体现在以下四个方面。

用户需求变化

制造业革命究其根源还是由用户需求变化而带动。用户要的不是产品，而是能够满足其需求的成果。同时，用户对个性化产品和服务的需求与日俱增，从国内外出现很多以售卖个性化手工制品的创业者和电子商务平台我们就可以看出端倪。克里斯·安德森（Chris Anderson）的“长尾理论”也阐释了这一变化，即只要储存和流通的渠道足够大，需求不旺的小众产品共同占据的市场份额就可以和那些热卖品所占据的市场份额相匹敌甚至更大。

中国企业同样开始关注创客运动。例如，在北一机床看来，在可以预见的未来，用户对产品的要求将是能够制造出想要的东西，并达到用户要求的效果，因此用户对价格、品牌的关注度逐渐降低，而更加在意机床的精度、质量和可靠性。北一机床不仅为企业用户提供个性化产品，还把创客作为未来的潜在用户开展交流。

产品性质变化

与用户需求变化并行的是产品性质的变化。连接了互联网、传感器的产品变得更加“聪明”，而用户衡量一个产品的方式也在发生改变，这也将重新定义产品的价值和哪种类型的企业能捕获这种价值。

当更多的电子元器件植入产品后，衣物变成“智能穿戴设备”、汽车变成“联网汽车”、灯具变成“智能光源”。由于可以获取更多的消费者数据，这些产品承载了更多价值，谁将捕获这些价值？是产品制造业企业、平台运营者、某个“杀手级”应用的开发者，还是从大数据中获取真知和洞见的企业？当一个产品创造和传输大量数据后，有多少价值被分配到产品本身，又有多少依附于产生的数据？这些问题都随产品性质的变化而产生，也反映了价值被创造和捕获方式发生的变化。

生态系统变化

长久以来，制造业只是少数参与者的乐园。制造业进入门槛和资金要求高，其产品要经过很多中间环节才能到达最终用户的手里。到了今天，技术和政策的变迁使曾经阻隔信息、资源和产品流通的障碍逐渐被消除。在一个计算机成本迅速下跌、互联网无处不在和信息更加自由流动的社会，以往的商业壁垒被打破，而包括互联网、机器人等在内的新技术快速发展并融合，赋予了产品和制造方式更多可能性。

这些变化令市场更加碎片化，支持产品向产业链下游渗透，直至与最终用户建立联系。大型企业可能会转向整合各种资源搭建平台。

流通模式变化

生产商和销售商的界限将更加模糊。这一趋势不仅影响正在转型的制造企业，还将波及渠道上的中间环节。在信息流通更自由、供应周期被缩短的世界，制造企业正试图与最终用户建立联系，并实现实时互动，用户也越来越希望与自己所用产品的生产者实现互联。

由于制造者和用户之间的距离缩短，供应链上的中间环节那些靠转手买卖商品为生的企业将被迫出局。能够生存的是那些可以为用户创造更多价值的企业，可能是通过提供有价值的信息，协助用户采购流程更快捷和精准，也可能为用户创造新的产品体验方式。出于同样的原因，成功的制造企业需要与用户建立直接联系，缩短从产品原型到生产的周期，或者由备货型生产（Build-to-Stock）转向订货型生产（Build-to-Order）模式。

中国制造也产能巨大，存在强烈的智能化改造需求，智能制造将为设备和软件行业带来机会。机器人、传感器等蕴含百亿甚至千亿的市场容量。

2.3.2 工业机器人军团

多因素驱动快速发展

根据德勤2015年对中国企业的调研，受访企业的智能制造设备生产和应用都比2013年有所提高。23%的企业表示其智能设备生产已经进入广泛应用阶段，较2013年增长11%，智能设备的渗透率较高，特别是在汽车、工程机械和电力领域。

智能设备与生产正在中国得到大规模应用，这与政策、人口、劳动力成本与资金等方面的支持密不可分。

机器人研发与应用已经成为衡量一国科技发展水平的重要因素，未来经济的增长在很大程度上与机器人行业的发展息息相关，国家也在政策方面给予了大力支持。《十三五规划纲要》提出大力推进机器人产业化，《中国制造2025》聚焦智能制造。三部委联合印发了《机器人产业发展规划（2016—2020年）》，提出到2020年，自主品牌工业机器人年产量达到10万台。

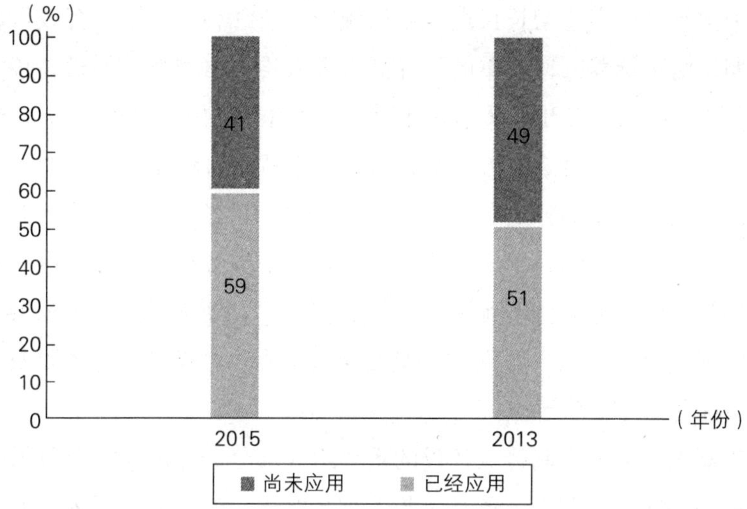

图2－8　受访企业智能设备应用情况

资料来源：《中国制造业企业信息化调查》，德勤研究。

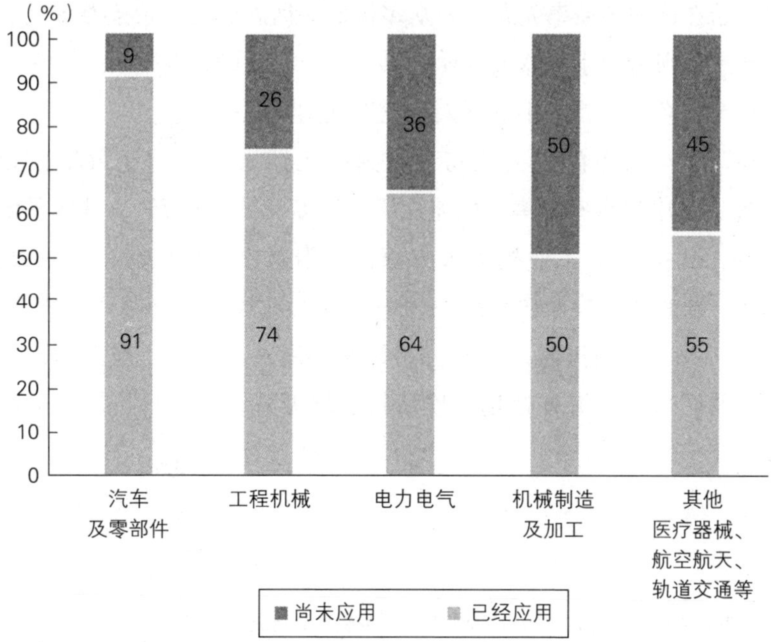

图2－9　智能设备应用行业渗透率（2015年）

资料来源：《中国制造业企业信息化调查》，德勤研究。

中国经济的高速增长长期以来依赖于人口红利。计划生育政策在执行前期，由于抚养人口比重的下降而带来人均产出增加。不过，该人口红利并不能持续，新出生人口的下降与人均寿命的延长均导致人口红利逐步消失。目前最有效的方法就是进行制造业的自动化升级改造。

以农民工为主的普通劳动力工资在2005年之后持续上升，其原因在于剩余劳动力下降，供求关系发生变化，中国劳动力的成本优势正逐步丧失①。人力成本上升倒逼多个行业实行“机器换人”，而机器人是否能实现规模化替代，取决于机器人成本与劳动力成本的比较以及机器人的智能化水平。

机器人作为先进制造业建设的重要组成部分，无论是工业领域进行生产活动的工业机器人，还是参与人类日常生活的服务机器人，对中国打造“中国制造2025”，推动传统制造业迈向工业4.0，寻找新的经济增长点都有重要意义。鉴于机器人在未来经济发展中的重要意义，国内资本开始在这一领域率先布局。众多机器人概念公司开始抢滩登陆新三板，新三板则为中小机器人企业提供了一个有效的融资平台，缓解了资金紧缺等一直制约着中小机器人企业发展的问题②。

在资金与政策的大力支持下，国内机器人相关企业数量已超过1000家，其中广东省聚集的机器人厂商最多（约300家），其次是浙江省（约150家）③。工业机器人方面，沈阳新松、埃夫特、广州数控、哈博实、新时达、埃斯顿和巨一等一批本土机器人企业得到快速成长。2016年以来，国内机器人行业公司纷纷开展对外并购，在获取海外先进技术的同时开拓海外市场，埃斯顿、埃夫特、万丰科技均并购欧美企业。

---

① 我国农民工工资上升的成因及趋势．国务院发展研究中心．http：//www. drc. gov. cn/xscg/20130514/182 －473 －2874925. htm.

② 2016年中国机器人行业研究报告．艾瑞咨询．

③ 深圳机器人产业快速发展．深圳特区报．http：//sztqb. sznews. com/html/2016 －07/15/content_ 3571806. htm.

机器人“入侵”制造业

工业机器人在制造业中的应用场景较为广泛，如汽车、电气机械和器材制造业、金属制造、食品制造、物流等多个工业领域。其中，前三项是推动工业机器人快速普及的主要驱动力。工业机器人在汽车行业的应用最为成熟，并逐渐向其他制造业渗透。

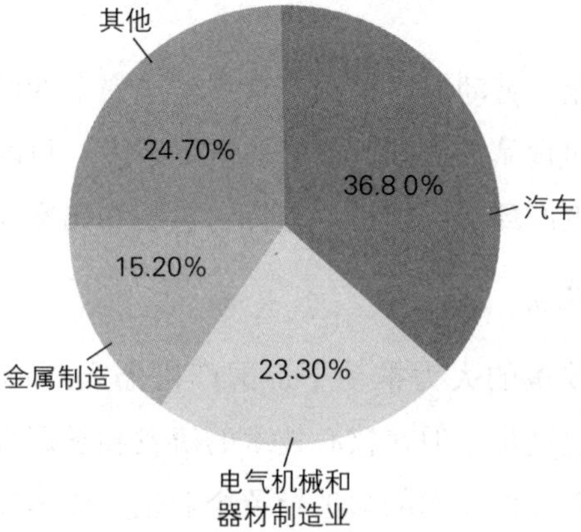

图2－10　2015 年中国工业机器人应用场景

资料来源：易观，德勤研究。

汽车行业：机器人在汽车行业应用最为广泛，并逐渐向电子制造、金属制造、化工、食品加工等行业渗透。预计到 2020 年，国内机器人市场将达 2000 亿元，其中汽车 600 亿元①。

电子制造行业：电子行业工业机器人的需求在全球工业机器人销量中占比约 30%，继汽车工业机器人应用第二大行业②。引入工业机器人可在缩短生产周期的同时提高产品质量。目前机器人已可以完成电子制造包括搬运（器件插接等）、加工（打磨、切割等）、装配（按键装配、屏幕压接等）和检测四大工序作业。

金属制造行业：折弯、冲压、热模锻与焊接四大生产流程中采用机

---

① 进阶智能制造．德勤研究．

② 中国自动化网．

器人意味着工业机器人使智能制造与数字化车间、智能工厂从概念走向现实。

化工行业：目前应用于化工行业的机器人主要是洁净机器人、机械手（大气机械手、真空机械手、洁净镀膜机械手等）及洁净物流自动传输系统。工业机器人代替人工从事化工行业生产，不仅可以防止工人暴露于危险物质中降低安全风险，也可以满足化工生产对环境清洁度日益严苛的要求。

食品加工行业：劳动成本控制、食品生产安全性以及生产效率提升成为工业机器人向食品加工领域渗透的重要因素。目前食品加工机器人主要应用于四大生产环节：加工、分拣、包装和码垛。

技术突围成难点

尽管在国家政策的大力推动下，国产机器人厂商业务规模不断扩大，技术也在快速进步，但在核心技术的研发和掌握方面仍无法同四大家族抗衡。核心零部件技术的缺失导致企业生产成本高企。在机器人三大核心零件中，控制器和服务器已经能满足中低端需求，但减速器仍需要进口。在汽车生产领域，控制器仍需要进口。国内生产的减速器虽然设计原理一致，但产品性能和精度仍有巨大的差距。

为突破对中国工业机器人领域的垄断，本土工业机器人生产企业采取价格优势、贴近客户需求方式开拓国内市场。

价格优势：国内一台最普通的手机核心部件智能生产设备价格远低于进口设备，成本仅为进口设备的1/2～2/3。

贴近客户需求：国际上的工业机器人行业巨头主要生产为汽车领域服务的机器人，其制造业分类在全面性和细分方面不如中国，因此对不同制造业细分领域的流程、特点以及工艺把握均略逊于中国企业。在对核心零部件要求不高的领域，更加熟悉细分行业特点、管理更有可能开发出客户满意的产品，这样其产品才更具竞争力。

2.4 智能财务机器人的颠覆

财务机器人是能够部署在服务器或计算机上的应用程序，可以完成线上及系统性的工作，包括替代财务流程中的手工操作，管理和监控各自动化财务流程，录入信息，合并数据，汇总统计，根据既定的业务逻辑进行判断以及识别财务流程中的优化点。相较于人工处理，财务机器人的优势在于可以替代耗费大量人力和时间的高度重复性工作，更加擅长处理跨系统或跨岗位等需要协调的工作，其财务准确性更高，可以快速响应业务变化。使用财务机器人不仅可以通过替代人工工作节约大量时间成本，还可以通过效率、性能和准确性的优化提升工作质量，释放人力资源潜力。

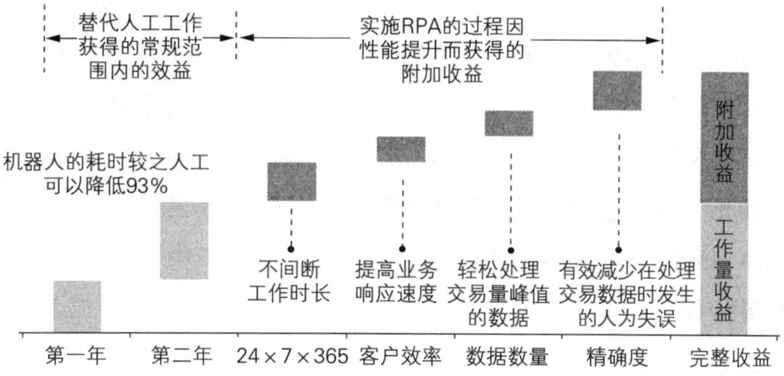

图2-11 采用财务机器人的收益

资料来源：德勤研究。

2.4.1 案例：Face++——点亮机器人之眼

旷视科技成立于2011年，是世界最大的人脸识别开放平台。业务范围覆盖计算机视觉，涵盖机器识别动态人脸、在线/离线活体检测、人像实时检索、证件文字识别、行人检测与轨迹分析。旗下人脸识别云平台Face++在人脸检测FDDB、人脸关键点定位300-W和人脸识别

LFW 三项图像类评测中拿下世界第 1。客户覆盖金融、互联网、物流等多领域巨头，招商银行、滴滴出行、美图秀秀、菜鸟物流都是其服务对象，并为 2016 年 20 国集团领导人杭州峰会、2017 年博鳌亚洲论坛提供安保服务。

人脸识别的技术门槛从目前看来依然较高，该技术涉及的环节较多，任意环节的疏漏都将对最终计算结果产生重大影响。在进行人脸识别时，图像输入终端拍摄用户照片，人脸照片被输入系统后，进行人脸检测判断人脸所在位置，随后系统会对关键位置进行标注，每张脸最多有 106 个标注点。计算机的人脸识别能力超过人眼就在于标注点的特征不会全部发生变化。通过标注点对图像进行定位以保证图像在压缩、放大甚至旋转过程中的面部特征，与此同时，对照片亮度、噪声等干扰因素进行清除。预处理完成后提取面部特征，系统根据两张人脸的相似度进行判定。

深度学习是提升计算机视觉识别精度的基础，完全依靠深度学习的计算机视觉技术是旷视科技在技术领域的一大特点。每个研究员或访问学生可用虚拟机远程登录深度学习云平台 Megvii Brain + + 就可以实现算法训练，整套系统包括数据管理、数据标注和模型发布等能力，Brain + + 的用户可以将标注的数据直接上传到系统中，并在训练后直接发布模型①。

合作模式多样化

金融领域与安防领域成为公司切入产品商业化的两大聚焦方向，向 2B 端客户提供技术与产品支持。双方的合作形式包括直接收费与深入合作两种方式。

在金融机构进行身份认证时，银行传统开户业务需要申请人前往银行网点现场填写申请表并进行身份证与信息的验证核对。最新的金融服务终端则允许银行业务人员前往客户所在地通过网上填写资料并与远程

---

① 旷视科技官网，http：//www. megvii. com/about-us/.

信息验证中心进行实时对话，现场拍摄照片并上传至云端与身份证信息进行对比即可完成开户程序。银行通过接入云平台，使用云服务进行人脸识别，Face + + 对其行为进行收费，而便捷的终端验证途径也使银行的验证成本大幅下跌至一成①。

在人脸识别领域，旷视科技与有实力的客户也会进行技术上的深度合作。Face + + 团队与蚂蚁金服进行合作，推出 Smile to Pay 人脸支付技术，未来将应用于移动端支付场景。蚂蚁金服内部也有专门研究基于神经网络算法的人脸识别技术的技术团队。未来，人脸支付所需的对比照片也可以向政府机构照片库申请，无须用户提供。

除了向客户提供线上服务，旷视科技也已经开始向线下市场进军，通过与行业领军企业合作以进一步切入安防领域。房地产行业龙头企业万科与旷视合作进行智慧园区管理，对社区进行智能化改造。传统的门禁系统由磁卡与物业人员控制，外来人员可以尾随进入，带来了安全问题，磁卡丢失问题也会影响门禁系统的安防效果。而人脸识别系统进入安防领域能实现安防工作无人化，内部人员可以直接通过刷脸进入，还可以针对每个人设置不一致的使用层级权限。通过与园区的管理服务系统进行数据交换，实现家庭、商业与物业的联通。

除了盈利业务部分，Face + + 也向开发者提供免费技术服务，并从免费服务中获益。使用免费服务的开发者向平台上传大量图片，Face + + 可以在确保隐私安全的情况下直接使用这些图片及其已经标注完成的信息继续学习，这一通道可以为深度学习提供大量免费数据。

打造资源网络式生态系统

旷视科技在图像识别技术上的领先优势是毫无疑问的，但作为一家人工智能技术公司，在拥有技术平台与专利的情况下，如何进行具体技术商业化并形成数据循环是未来人工智能商业演进的重要方向。不可否认的是，人工智能技术的门槛正在降低，这也从侧面推动技术公司加快

---

① 36氪，http：//36kr. com/p/5038862. html。

产品落地。未来的任务将致力于完成“技术—产品—数据”这一闭环，并将通过“AI+行业的方式实现”。

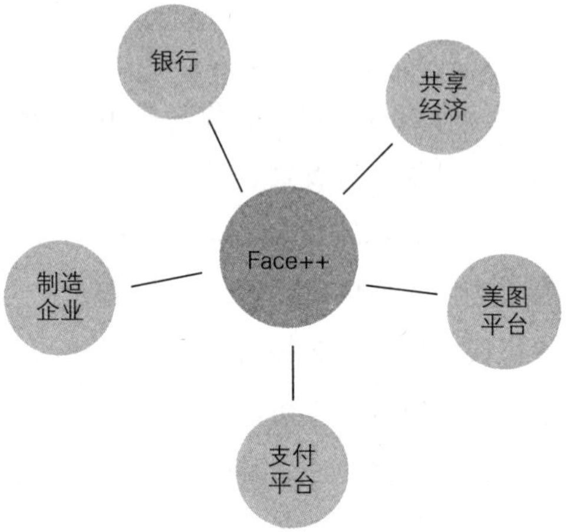

图2-12 Face++生态系统

资料来源：德勤研究。

人脸识别技术是最易走完这一闭环的技术，因此Face++通过FaceID、智能摄像头和智能机器两大业务线推动人脸识别技术的商业化。FaceID为银行、证券、保险等金融领域企业提供服务，使用企业通过登录客户端的SDK使用云服务将终端捕捉到的客户照片与用户身份信息进行对比，解决身份认证的问题。2015年马云在德国汉诺威IT博览会上展示的“Smile to Pay”支付技术就是由Face++平台与蚂蚁金服合作研发，取代了传统的密码支付[①]，其识别率已经超过99%，未来将在阿里巴巴全球支付和开户身份认证等业务中得到进一步应用。

第二大业务是主要用于安防领域的智能摄像头和智能机器，将人脸识别核心算法集成在硬件中，相较于传统的摄像头增加了实时识别人脸的功能。在楼宇安防的过程中，传统的摄像头只能拍摄并存储影像，其

① 蚂蚁金服展示人脸识别Smile to Pay扫脸支付.http://www.mpaypass.com.cn/news/201503/16090941.html.

使用效果只能在发生不安全事件后的调查取证与侦破阶段，而具备实时人脸识别功能的智能摄像头则可以在非业主进入楼宇时就发出警报。

切入金融与安防两大业务领域，通过出售产品获取利润，并不是业务的终点。在产品落地后获取更大量的数据进一步提升技术，从而形成一个完整的业务循环链才能彻底盘活数据，形成公司成长的核心驱动力。金融领域提供的身份认证云平台在依靠查询申请收费的同时在各领域推广该认证平台，为后续开展信用审批等业务积累数据。国家正在大力推进智慧城市的建设，通过智能安防技术切入该领域实现安防系统应用。

2.4.2 案例：地平线机器人——给机器装上“大脑”

地平线机器人提供嵌入式人工智能解决方案，将深度学习的方法和硬件相结合，通过向消费电子类客户提供服务，使电子类产品具有感知、交互、理解、决策的功能。

地平线具有世界领先的深度学习和决策推理算法开发能力，将算法集成在高性能、低功耗、低成本的嵌入式人工智能处理器及软硬件平台上①。公司产品的核心应用场景包含智能驾驶、智能生活和智能安防领域，针对前两大场景，已经推出了智能驾驶场景下的“雨果”平台和智能生活下的“安徒生”平台。

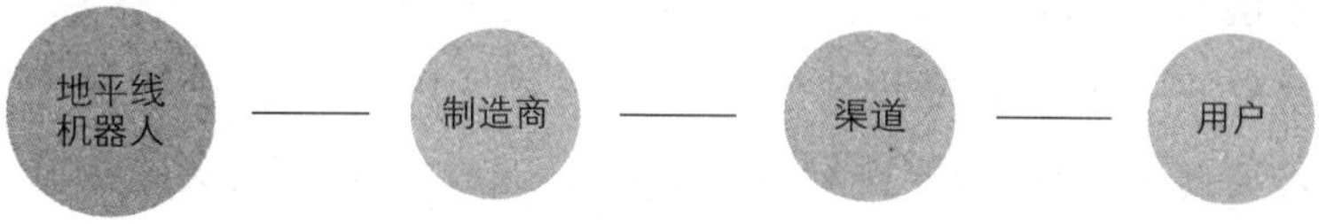

图2－13 地平线机器人生态系统

资料来源：德勤研究。

自动驾驶是近几年相当火爆的话题，人工智能的介入将对人们的生活甚至是城市规划带来巨大的改变。“雨果”平台采用深度学习和神经

① 地平线机器人公司官网，http：//horizon-robotics. com/technology_ cn. html.

网络算法，即便是在无法用人眼直接观察道路的情况下也能实时识别道路上的行人、其他车辆以及车道线，并对可能发生的碰撞进行预警，提高了自动驾驶汽车的安全驾驶系数。然而即便拥有反应更加灵敏的传感器，实际路况的不确定性也依然是自动驾驶需要解决的巨大障碍。现在的无人驾驶汽车通过安装摄像头等传感器感知周围的车辆、障碍，通过实现预测物体运动轨迹进行实时调整，然而其调整都是事先预设的，所以在复杂的有突发情况下的道路情况并不能很好解决。现实生活中的道路状况突发性事件频发，以往的无人驾驶能否很好地处理仍需要进一步检验。

人工智能驾驶系统这类对安全性、敏捷性要求更高的人工智能系统并不适合连接上云端进行计算并将结果通过互联网反馈给终端。虽然目前智能算法已经可以在移动端实现，但其核心算法均在云端完成，移动端只扮演了传感器（收集信息）和执行终端（执行命令）的角色，一旦网络中断，移动端将无法独立完成智能任务，这将使移动端智能化在医疗、无人驾驶、无人机等领域存在安全隐患，例如，当汽车行驶在高速公路上时，如果在车辆终端上即可做出决策，延迟将大大降低：当车速为 130 千米/小时或 36 米/秒时，每一毫秒都相当重要①。

在智能家居场景下，通过将智能芯片安装在传统家居中使其具备交互甚至决策的能力。在人工智能理念尚未普及的几年前，人们提到智能家居想到的是通过 Wi-Fi 对家中联网设备进行远程控制，然而这并不是人工智能理念下的智能生活。在人工智能控制下的家居不需要打开手机 APP 进行操作，而是通过人类之间交流的自然语言、表情、姿势与机器进行更为流畅的、符合人类习惯的沟通，并且在一定程度上，智能家居能够做出决策。例如，在家中食材将要耗尽时，冰箱能够自动订购食材，无人驾驶汽车自动到达乘客所在位置，阳光过于刺眼的情况下窗帘半开等。

地平线机器人并不是要制造出人形机器人，机器人并非一定要具备

① 2017 科技、传媒和电信行业预测．德勤．

人的形态，只要装备人工智能算法芯片，可以通过传感器感知周围环境，根据环境的变化与人进行自由交互，最终通过一定算法能够进行决策即可。也许其形态就是冰箱、台灯、洗衣机甚至是马桶。因此其发展方向应该是让生活中的机器人能够通过智能芯片变得更加能满足人类的日常需求，更加“聪明”。

提供解决方案，靠“量”实现盈利

由于地平线仅提供人工智能解决方案，并对移动端人工智能芯片进行研究，因此通过2B模式向产业下游硬件厂商提供产品。其盈利模式是与PC时代芯片巨头英特尔、高通类似，依靠“量”实现盈利①。通过向下游厂商提供机器人人工智能芯片，支撑整个行业的客户，客户再去针对各种各样的智能场景进行服务。地平线已经与一些强势的大型制造业企业形成了合作关系，把智能功能加入产品，共同开发人工智能产品。但是这个加入的过程并不是一蹴而就的，而是把日常生活中常用的设备逐步加入智能元素，使产品不断变“聪明”，这是一个先创造新体验，后创造全新产品品类的过程。

2016年，地平线已与2家供应商敲定合作，向其提供自动驾驶包括算法在内的ADAS解决方案。现阶段的重点工作仍是与车企的合作，推进ADAS产品。依托上海研发中心，共建自动驾驶开发资源平台、参与测试实验平台的建设、深度参与城市交通试点性项目的建设②，实现“量”这一模式，与更多车企合作，部署更多测试车辆，获取更多的自动驾驶数据。

地平线已经与美的进行合作，于2016年8月推出美的“智能王”柜机空调，支持手势控制、智能送风、智能安防三大功能③。开启手势识别模式后，空调即可识别开机手势自动开启。除了能够识别手势，还能进行人脸识别，推测用户年龄，根据识别出的用户身份、位置以及家

① http：//www. iyiou. com/p/40529.
② 余凯访谈．http：//tech. sina. com. cn/roll/2017－03－28/doc-ifycsukm4009773. shtml.
③ 地平线官网．

庭场景自动调整送风、温度等模式。摄像头还能在主人不在家的情况下担任安防工作，用户在出门时打开入侵保护按钮，当陌生人在家中活动时，连接的手机将能收到入侵视频推送。

此外，地平线的智能家居平台“安徒生”已经为科沃斯扫地机器人“地宝”提供了智能技术支持，集成了语音识别和图像识别功能，能够完成语音交互、用户识别、房间打扫等功能。

成为人工智能时代的“英特尔”

英特尔是互联网时代的标志，高通是移动通信时代的标志，而地平线则意图成为人工智能时代的标志性企业。传统英特尔 PC 芯片在深度学习算法上具有较大的局限性，每一个计算任务都需要一步步完成，因此在效率方面远逊于人工智能处理器，不具备赋予终端智能设备自主决策的能力。地平线现在掌握的技术与投资者所带来的资源足以支持其成为人工智能时代的领导者。

短期之内，地平线除了加速推进与各大汽车制造商的合作，也将在数据共享上进行探索。为提升自动驾驶算法和模型，地平线将在 2018 年部署 1000 辆自动驾驶汽车，建设最大的驾驶数据库①。除了实车测试，地平线已经开发出自动驾驶模拟器。

2.4.3 案例：今日头条——智能推送

身处互联网时代，人们可以随时随地接收来自世界各地的信息，个人也可以成为内容的创作者，各类信息通过网络对人们的日常生活进行全方位的轰炸，信息匮乏时代已经完全过去。生活在互联网时代的人类不再为得不到信息而感到担忧，反而是如何在漫无边际的信息海洋中寻找到自己所需的话题成为信息获取的中心。根据 36 氪数据，超过 70% 的消费者每天花费半小时以上进行阅读，其中超过 40% 的用户认为内容筛选成为信息获取的最大障碍。

① 余凯访谈 . http：//tech. sina. com. cn/roll/2017 - 03 - 28/doc-ifycsukm4009773. shtml.

在当前所有资讯推送产品中，按照推送方式可以分为三类：第一类是好友推荐类，关注该用户后成为该用户好友，可以阅读好友发布的各类信息，如微博、微信朋友圈；第二类是新闻类，新闻发生后，平台以自我编辑或转发第三方平台资讯的方式向用户推送，如腾讯新闻、网易新闻；第三类是算法类，通过分析用户以往的观看习惯推测用户感兴趣的内容并向用户推送相关资讯，如今日头条。

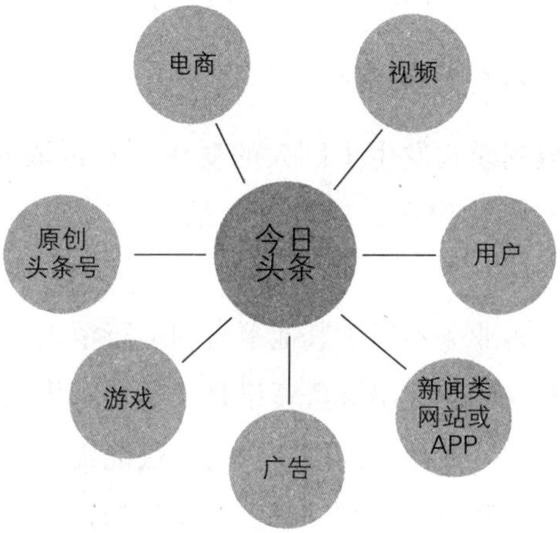

图2－14　今日头条生态系统

资料来源：德勤研究。

“社交＋使用”数据挖掘

在信息爆炸时代，资讯推荐类产品面临共同的问题。如何向用户推送所需或所爱的信息，在得到信息后，如何判定信息的优先性。原有的信息呈现方式有两种，一是按信息发布时间排序，二是根据搜索引擎的算法赋予每条信息不同的价值，按价值高低进行排序。

今日头条在上述两种方式的基础上更进一步，它是一款基于机器学习的数据挖掘与资讯推荐产品，能够根据用户原有与发生信息进行个性化资讯推荐。这也是今日头条与其他资讯推荐类产品的不同之处。

首先，可以根据用户在自身产品上的每一次行为并计算出用户的喜好，向用户推送最有可能感兴趣的内容①。

其次，一旦用户使用其他社交账号登录，系统也可以自动抓取用户图谱，收集用户信息。用户一旦以社交账号登录，系统将自动提取用户社交账号上的好友、收藏、发布信息等数据标签，结合用户信息发表时间与地点建立单独用户的单独兴趣图谱。

基于以上两种信息搜寻途径，系统不断优化算法，最终实现真正的个性化资讯推荐。

打破传统，盈利方式多元化

互联网公司盈利模式发生了巨大的变化，不再依靠自身产品销售，而是通过搭建平台销售服务。获取营收的方式主要是广告、电商、游戏等。

今日头条的广告业务不同于其他平台的强行植入，而是作为一种信息服务于用户，并且明确标出该条资讯是广告。利用信息流广告，广告可以像一般资讯一样分发给不同的用户，不仅能提升广告转化率，还能不断刷新没有展示位数量的限制，减少对用户的打扰。

今日头条主要营收来自广告业务。今日头条不再采取强行植入广告的方式，而是将广告作为一种信息服务于用户。由于拥有用户的大量信息，可以更为精确地刻画用户画像以实现广告的精准投放，实现高广告转化率。2016 年，今日头条广告营收已经突破 60 亿元这一既定目标，并设立了 2020 年营收达到 100 亿美元的目标②。

除了传统的产品广告，其合作对象主要是各类网站/应用，特别是视频、游戏和电商三类：

视频网站：实现流量相互导入。视频网站播放的视频会剪出一部分放在今日头条上，用户若感兴趣就会前往视频网站观看完整版视频。这一类视频主要以电视剧、电影等影视类作品为主。

---

① 今日头条官网 . http：//www. toutiao. com/about/.

② 内容分发卡位战：今日头条面临多方围剿 . http：//tech. sina. com. cn/i/2017 - 02 - 21/doc-ifyarrcf5140801. shtml.

游戏网站：今日头条向用户推送游戏，用户点击广告即可进入游戏介绍页面并下载游戏。

电商：与电商的合作更为复杂，不仅涉及电商网站推荐，用户还可以直接在今日头条 APP 中实现从商品浏览到支付的全部环节。

突破行业限制，进行横向扩张

今日头条凭借个性化资讯推送服务在早期获得了巨大的用户流量，现阶段将依靠该优势进行横向扩张，丰富内容形式，包括短视频、电商、社交领域。

短视频：该领域已经成为今日头条最为重视的拓展范围。随着互联网的日益普及以及网络速度的加快，人们的阅读习惯随之发生改变，由原有的纯文字模式转化为以图片为主的阅读倾向。网速的进一步加快也在一定程度上推动各类视频网站迅速崛起，短视频成为一种新的表达方式，能够使人们获得更加直观的信息获取体验，因此其已经成为获取资讯的重要方式。今日头条已经将短视频领域作为下一个阶段的重要发展方向，在 APP 中设立独立的单元并推出短视频内容创作支持计划[①]。今日头条已经涉足短视频上游的内容制作领域。在境内布局音乐领域，联手迷笛扶持原创音乐的发展；在境外，今日头条已经收购北美视频创作平台 Flipagram，该平台可以将图片配上音乐制作成视频。

电商：今日头条已经与京东达成合作“京条计划”，京东需要更多的流量提高用户转化率，今日头条则需要将流量变现，双方的互利合作代表了电商平台与流量平台的合作趋势。今日头条开设“京东特卖”，向京东提供精准化广告投放服务；另外，双方通过导购和分佣等方式帮助头条号变现。用户在今日头条购买商品时无须再打开京东客户端就能完成全部购买流程。

社交：截至 2016 年 10 月，今日头条拥有 6 亿用户，其中 1.4 亿活跃用户，平均每天每个用户使用超过 70 分钟，已经成为超级流量入口，

---

① 艾瑞网. http://column.iresearch.cn/b/201702/790822.shtml.

拥有文字、图片和短视频功能①。“微头条”栏目已经成为今日头条向社交功能转化的开端。社交工具已经从简单的内容发布转向内容质量，新一代的用户更加看重推送的内容是否是自己感兴趣、想要了解的。将用户与社交内容进行精准匹配成为新潮流，今日头条在内容匹配方面的优势能够助力其在社交领域的快速发展。

未来，越来越多的数据将会被录入虚拟网络，计算机的学习能力进一步加强，平台对信息的分发将更加精准，广告的用户转化率将进一步提升，数据变现将更加便捷。

2.5 人工智能大未来

在未来的数十年间，人工智能将成为众多产品的底层技术并实现高度普及。对于人工智能企业来说，不接受人工智能技术将逐步被淘汰，而能够获得更好的多样化、情景化数据，能够开发出更加智能的算法的企业将在竞争中获取更大的优势。并且这种优势呈现出自我强化的趋势，更加优秀的企业将吸引更优质的人才、技术与资金，更雄厚的人才、技术与资金资源将进一步增强企业的实力。因此，中小企业未来或将依赖于少数几家寡头企业，依附态势明显。

在社会方面，虽然人们仍对人工智能取代人类劳动者这一趋势表示担忧，然而该技术也在另一方面促使社会更加智能化、人性化。

更加智能化：颠覆人机交互方式

现阶段的人机交互仍是通过人类学习机器语言对机器进行编程以获取最终结果，然而这是一种刻意的、有门槛的交互方式，未经编程训练的人无法实现人机互动。而人工智能技术则尊重人类最自然的表情、手势、语言等交互方式，利用图像识别、语音识别、自然语言处理等技术使人机交互以一种更为自然流畅的方式进行。例如，在互联网技术中，

---

① 今日头条CEO张一鸣：已有1.4亿活跃用户每天平均用76分钟. http://tech.sina.com.cn/i/2016-11-17/doc-ifxxwrwk1313520.shtml.

人工智能为其新形态的发展提供了技术支撑，通过推动机器学习人类的交流方式，主动捕捉信息、分析信息并以此做出智能判断。

更加个性化：满足个体需求

通过人类自然语言进行交互，人工智能产品与用户的交互将更加流畅，智能终端也将能够通过各种途径尽可能多地获取用户的使用习惯，因而满足用户个性化需求的能力也将进一步提升。人工智能终端或许将成为用户的私人助理，通过日常生活习惯的分析提前安排生活与工作的行程，例如，在工作日提前向无人驾驶平台发送叫车请求，满足出行需求，依据近期活动量及各项身体指标发出健康提醒等，甚至在人际交往时显示对方的简介使交往过程更加顺畅。

更加高效化：处理海量数据

信息技术的产生与发展使产生并记录下来的数据量超过了历史上的任何一个时期，移动智能终端的普及又使普通人也成为数据的创造者，人类社会产生的数据呈现指数级增长。短时间内更多地获取信息并对其进行处理将使工作、生活以更加高效的形式进行，因而人工智能技术对于海量信息的处理能力对社会的高效运转有重要意义。例如，在医疗领域，即便医生的阅读量非常大，也无法阅读完全部的医疗论文并对其有深层次的掌握，而人工智能技术则能做到这一点，并可以将最新、最有效的治疗方案推送给医生，极大地提升医疗效率。

第3章

新零售“变形记”

FUTURE REIMAGINED

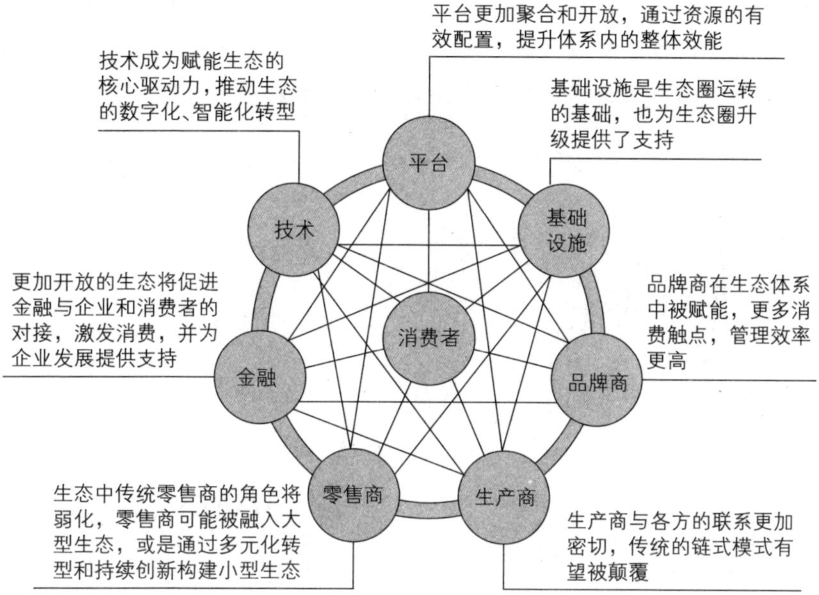

图3－1　零售业生态系统

线上、线下的深度融合以及科技的持续进步正在推动着零售行业的重构，在新的行业生态下，消费者成为整个生态的核心。围绕着消费者这个中心，零售各个节点之间的联系变得更加扁平化和网状化，资源和数据得以在体系中更加自由地流动和配置。产业链资源将被优势企业深度整合形成生态系统，来持续满足消费者需求，并获得稳定的成长。

3.1 新零售之“新”

互联网的兴起与快速普及催生了中国零售市场的网络化变革，时至今日高速发展的网络零售已成为零售市场至关重要的组成部分，而以阿里巴巴、京东为代表的电子商务企业也开始扮演起行业发展引领者的角色，面对持续放缓的网络零售市场开始了新一轮的攻城略地；与此同时，传统零售企业步入行业寒冬，面对业绩的持续下滑以及电子商务企业的侵袭，传统零售企业积极探索转型升级的路径。

图3−2 全国百家重点大型零售企业商品零售额月同比增速

资料来源：艾瑞，WIND，德勤研究。

在这样的大背景下，阿里巴巴首次提出以消费者体验为中心，以数据和科技驱动的新零售形态，在进行基础设施建设的同时，大力推进线上线下融合的进程，通过资本运作、战略合作等方式，不断扩充着企业在线下的布局。同时，京东也以京东商城为核心，推进着O2O、物流、金融等业务的协同发展，并通过入股永辉超市、收购一号店达成与永辉

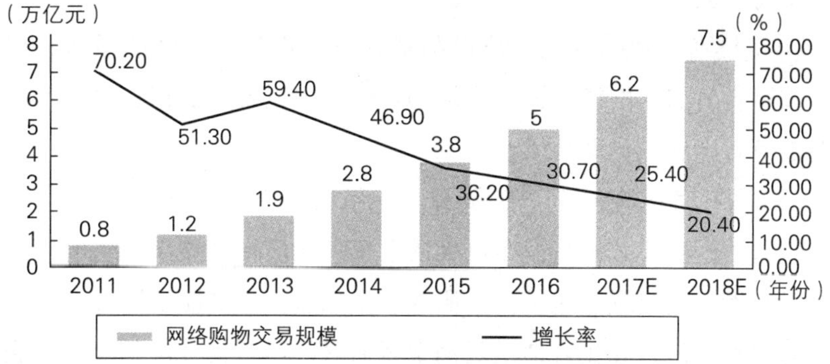

图3－3　网络购物交易规模逐年放缓

资料来源：艾瑞，Wind，德勤研究。

和沃尔玛的战略同盟，业务版图得到持续扩张。传统的零售企业如国美也通过开放供应链能力（国美来购）、开放售后资源（国美管家）、开放物流能力（安迅物流）、建立异业联盟（跨界融合），尝试建立一个包容开放的超级平台。在科技进步、资源聚集以及行业参与者融合创新的推动下，以消费者为中心的大型生态将逐渐显现。

以消费者为中心的零售大生态将由以下元素构成。

（1）消费者。新零售生态下，消费者成为生态的中心，消费场景、供应链、基础设施、科技都以精准捕捉并最大化满足消费者真实需求为目标进行构建和运用，最终实现如从“货—场—人”到“人—货—场”等多方位的转变。

（2）超级平台。领先的电子商务企业、品牌商、零售企业都有潜力通过整合多种行业资源和基础设施，转型成为生态系统内的其他零售商、品牌商提供基础设施和技术资源的超级平台，进而成为资源、数据、用户等的汇聚点。

（3）品牌商、零售商、生产商。在新的生态系统下，生产商、品牌商、零售商仍旧是生产流通环节的主要参与者，但是由于数据流、物流、金融流等逐渐打通的需要，各方的融合与协同将更加普遍，与消费者的对接也将更加直接和多元。同时，超级平台作为资源、技术和基础设施的整合和分配者，也将与生产流通链条上的各方产生多种互动，在提供支持的同时对资源进行持续的整合。

（4）技术、基础设施。技术和基础设施作为生态圈的后台，提供生态圈运转所需的网络、云、终端等基础设施以及大数据、物联网、人工智能等日渐成熟的新技术。

（5）多种类型的中间服务资源。在新的零售生态下，营销、市场、流通链条、生产模式都将发生巨大的改变，相应地，会出现新的模式和新的参与者，通过提供包括生产服务、金融服务、供应链服务、数字化服务等多种资源，在更好地满足消费者需求的同时提升链条上关联企业的表现。

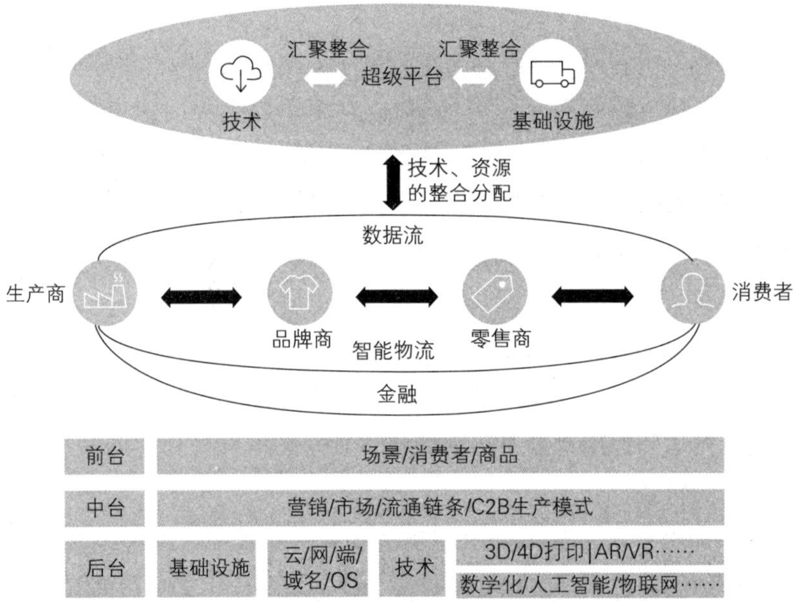

图3－4 大型生态图解

资料来源：阿里研究院，德勤研究。

在这样的大框架下，由大型零售企业演变而来的超级平台将承担起整个生态圈大脑的职责，通过资源的合理配置提升生态圈中零售商、品牌商、生产商的表现，从而更好地满足消费者的需求。

可以预见的是，新零售将会是未来几年中国零售市场的一个关键词。面对不断放缓的网络零售市场（2016 年全国网上零售额同比增长由 2015 年的 33.3% 放缓至 26.2%），互联网巨头有充足的动力和条件（B2C 网络零售天猫和京东合计占比超过 80%）成为这次行业转型的引领者和推动者，通过不断获取零售产业链上下游的优势资源并进行有效的重构，转型成为产业链资源汇聚的中心，进而获得新的增长动力。而部分传统零售企业也会因为互联网企业的资源优势和技术优势，选择与互联网企业合作，借助互联网企业的技术和思维，参与到新零售转型的进程中。

3.2 超级平台成为微生态的“孵化器”

由于互联网开放、互动、高效、直接的特性，对于发展相对成熟的互联网品牌企业，互联网同样赋予了这些企业在大型生态下建立自有生态的可能性。相较于传统品牌，线上品牌的孵化以及培育过程相对更短，在成熟平台上进行嫁接和运营更加便利，成本也更加低廉。基于以上特性，以韩都衣舍为代表的互联网企业提出了以标准化产品运营服务为后端，内容经营为前端的平台建设理念，通过搭建综合服务平台，将品牌与资源、消费者对接，打造企业专属的生态体系，进而实现由品牌零售企业向综合服务平台的转型。

案例：韩都衣舍

由品牌零售企业构建的二级生态核心资源是平台的服务能力和服务资源。以韩都衣舍为例，在长期的发展和积累后，韩都集团已经形成了较成熟的产业链资源，在技术、运营和营销方面形成了独特的资源体系。为了实现进一步的扩张并将优势资源进行推广和嫁接，韩都衣舍形成了以韩都智能和韩都传媒为代表性优势资源的韩都生态九大支撑功能，向众多的品牌企业提供了从后端供应链、金融、仓储物流、运营到前端的营销、客服等的全链条服务，通过提升企业的综合实力帮助企业获得成长。

互联网的二级生态由以下内容构成。

（1）一级生态——超级平台。以天猫、淘宝、京东为代表的能够为第三方商户提供交易平台、交易工具以及配套支持的大流量电商平台，这些超级平台构成了与消费者对接的一级生态。

（2）二级生态——综合服务平台。成熟的在线零售企业在已有资源的基础上，通过进一步聚合和优化供应链、IT 系统、仓储物流、营销等多种优势服务资源，以一级生态为依托，帮助多种类型的品牌企业成功落地于超级平台并且服务于企业的日常运营，通过提升品牌企业的经营成果来实现自身价值。

（3）品牌企业。多种类型的品牌企业共同构成了二级生态聚合和服务的目标主体。二级生态主要面向缺乏线上运营资源和经验的品牌企业，通过填补这些企业的短板，帮助企业在线上获得成功。

（4）消费者。消费者在一级生态和二级生态中都处于核心地位。一级生态聚集了多种需求的消费者，并通过资源的有效配置来极大地满足消费者需求。二级生态则是通过更加精细化的支持和服务，一方面抓准消费者需求，帮助品牌企业的产品更加精准地接触到消费者；另一方面从营销、运营、管理等多个方面提升品牌企业的综合实力，从供给端的角度帮助企业进行优化提升。

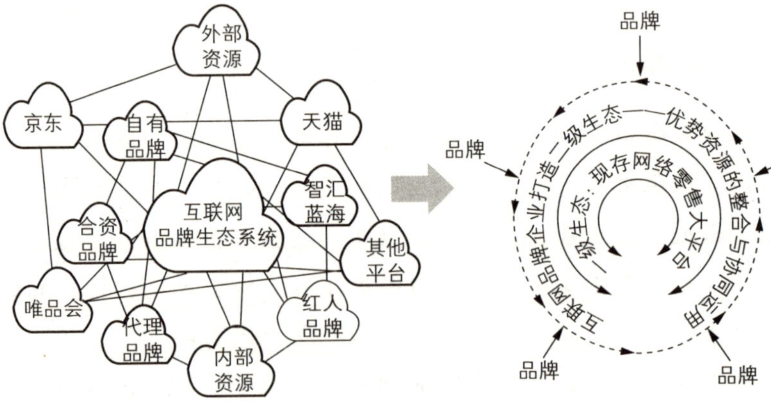

图 3－5　互联网二级生态

资料来源：韩都衣舍，德勤研究。

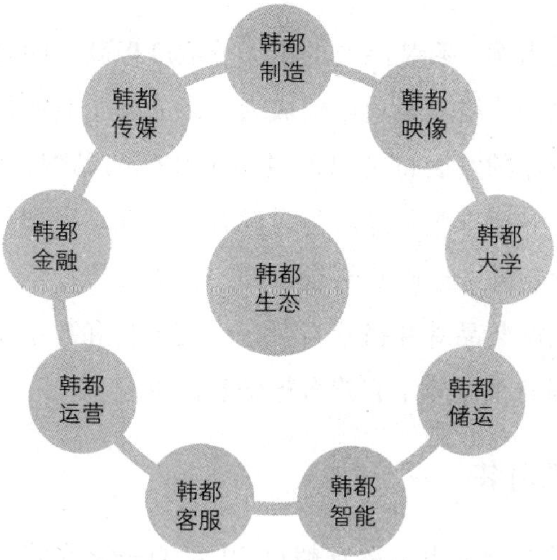

图3-6　韩都生态结构

资料来源：韩都衣舍，德勤研究。

二级生态的出现和发展更好地满足了品牌企业经营发展的多种需求，尤其是缺少线上资源和运作经验的初创品牌，同时在二级生态下的体系中，消费者需求得以更加精准地被挖掘和满足。但是由于二级生态的资源聚合性，会在一定程度上削弱超级平台在新零售生态中资源聚合和分配中心的地位，进而产生局部博弈。

3.3　消费品企业数字化转型提升行业效能

零售市场的快速变革不仅孕育了更加多元的零售生态，同时也给品牌企业带来了转型升级的动力。品牌企业需要更加清楚地了解消费者需求，并且及时地采取措施来快速、精准地满足特定需求，因此全面推进企业的数字化转型成为众多品牌企业的选择。在数字化转型中，一方面品牌企业尝试通过全渠道的建设来建立与消费者更加直接的互动，对消费者需求进行实时满足，并通过持续的数据收集来确保数据的主动性、完整性和安全性，进而指导营销和生产工作。另一方面还要推动内部流程和供应链管理方面的数字化，提升企业运行的效率、降低企业的运营成本。

以服装品类为例，服装品类的市场分散度极高，同时也是线上渗透率最高的品类之一，线上渠道已经成为众多品牌企业业务发展的必备选择。未来服装行业的发展将会出现更多个性化的品牌，淘汰更加快速，品牌忠诚度的培养要求服装品牌与目标客群的互动更加直接，对客户需求反应更加迅速，并在影响购买决策的层面更加主动地干涉和引导。因此，越来越多的服装品牌在搭建自营全渠道平台和数字化提升运营方面增加投入，这同时也保障了客户数据信息的安全。

案例：绫致时装

绫致时装是在中国市场运营超过 20 年的一家服装企业，旗下品牌较多，涵盖男女装、童装以及家具，品类相对繁杂。在业务规模不断扩张的情况下，企业亟须通过数字化手段来实现管理的数字化和可视化，进而提升经营效率，降低运营成本；同时，为了应对快速变化的消费者需求，企业也需要通过全渠道的建设提升客户体验，进而带动客单价、转化率、复购率的上升。为此，绫致时装进行了一系列数字化转型和全渠道搭建的尝试。

前端——面向消费者的数字化转型

（1）全渠道触点。通过全渠道的场景设计，利用与消费者接触的各类触点将消费者导流到店铺或是线上，并且引导注册会员，在满足客户多样化需求的同时实现对消费者信息的收集，并以此为依据进行基于第一方和第三方数据的整理和整合、匹配、分析，最后形成能够指导内部营销团队使用的有针对性的（针对客群）的市场和营销活动。

（2）客户体验数字化。主要体现在移动 POS（iPOS）、导购宝（SAA）以及移动官网，彼此之间相互协调、促进。

（3）商品数字化。将 PIM 系统作为商品信息的基础平台（主数据平台），整合了线上和线下所有渠道的商品信息，线下门店、线上自营和第三方平台的商品信息通过接口的方式实现业务流程数字化。上新的数据可以实时更新到平台上，包括现在在海外电商平台上的跨境电商业务。

（4）服务数字化。基于全渠道的客服系统，可以受理来自各个渠道的顾客请求，并且实现全生命周期的跟踪处理，每一个请求或反馈都能够被有效记录。

后端——供应链以及流程的数字化

（1）流程数字化。内部采用了 BPM（业务流程管理系统）和企业微信平台，通过 BPM 有效地将工作流和企业内部环节打通，在办公层面完全实现数字化；将企业微信平台作为内部沟通和协作的平台，并且实现了在门店层面的巡店、排班、任务等日常工作的数字化。

（2）供应链数字化。通过搭建和连通产品管理、仓储管理、物流管理等多个模块，逐步实现供应链的数字化，确保商品能够以最优化的路径出现在最需要的门店。

绫致时装的数字化转型尝试代表了品牌企业在新的零售生态下，希望直达消费者并且提升经营效率的诉求。随着品牌企业转型尝试的深入，现有的渠道模式将逐渐分化成直营、代理等模式并行的渠道模式，品牌企业将获得与消费者对话的机会，差异化的需求也会更好地得到满足。与此同时，品牌企业的经营效率也会因为数字化转型而得到促进，进而推动整体行业效能的提升。

3.4 移动电商引发电商“去中心化”

移动电商的高速发展为网络零售市场带来了更多的参与者和变数，近年来网络零售市场涌现出一批高速成长的移动垂直电商，与“大而全”的传统电商相比，移动垂直电商更加注重特定品类的商品，在做精、做好商品的同时更加针对性地服务特定人群的需求，形成较强的用户黏性。移动垂直电商很好地适应了新一代消费者的个性化需求以及移动互联的消费习惯，在需求更加小众化和个性化的未来，垂直型电商将更具发展潜力。

中国连锁经营协会在 2017 年 5 月发布的《2016 中国网络零售百

强》榜单显示，较2015年榜单数据，深挖特定品类的垂直电商在2016年实现了高速的增长，百强榜中上榜企业数量和交易总额都有所突破。从上榜企业数量来看，垂直型电商上榜26家，其中生鲜、母婴、医药类电商上榜企业数量分别较2015年增加了1家、2家和5家。从交易总额来看，不同种类垂直电商的平均交易总额增长均超过50%，高于同期全国实物商品网上零售额增速约20%。综合类跨境电商、母婴、生鲜三种类型的垂直电商已成长为网络零售市场的重要组成部分，其中网易考拉首次排入前15，而贝贝网、中粮我买网、本来生活、小红书也都排入了榜单的前25。

艾瑞UserTracker对2016年主要电商企业月度独立移动设备数量监测显示，除了手机淘宝、天猫、京东这些成熟电商，蘑菇街、聚美优品、贝贝网、卷皮等都已经培养出了一定规模的稳定用户，虽然目前相对规模仍旧较小，但是通过深挖专业产品、服务、供应链资源进而获得独特的竞争优势，垂直型电商巨头也正在向着自有生态逐步演化。

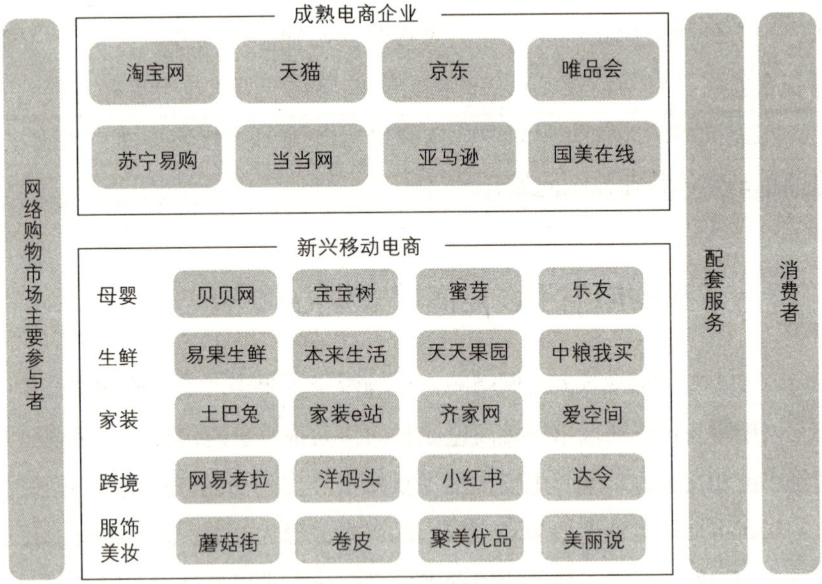

图3－7　网络购物市场主要参与者

资料来源：CCFA，德勤研究。

垂直电商的潜在生态构成如下。

（1）特定需求的消费者群体。在垂直型平台的生态体系中，消费者被划分为不同特种的群体，通过针对性地服务特定群体的需求，从而形成较强的客户黏性，并逐渐通过特定人群下的社群经济，形成更加广阔的服务生态体系。

（2）以垂直电商为基础搭建的垂直型平台。垂直型平台以电商为主要载体，通过对技术和资源的整合，更加精准地满足特定消费者的需求，并以特定消费者为社群经济的切入点，将产品和服务的范围逐渐拓宽。

（3）覆盖全球的供应链资源和服务资源。供应链资源和服务资源构成了垂直型平台的核心资源，对于主打特定商品品类的垂直电商，需要不断地优化和拓展供应链资源，通过掌握更加有优势并且能够极大地满足消费者特定需求的商品和服务，从而获得持续的竞争优势和较强的客户黏性。

（4）技术、基础设施。技术和基础设施作为生态圈的后台，提供生态圈运转所需的网络、云、终端等基础设施以及大数据、物联网等日渐成熟的新技术，为垂直型平台提供支持。

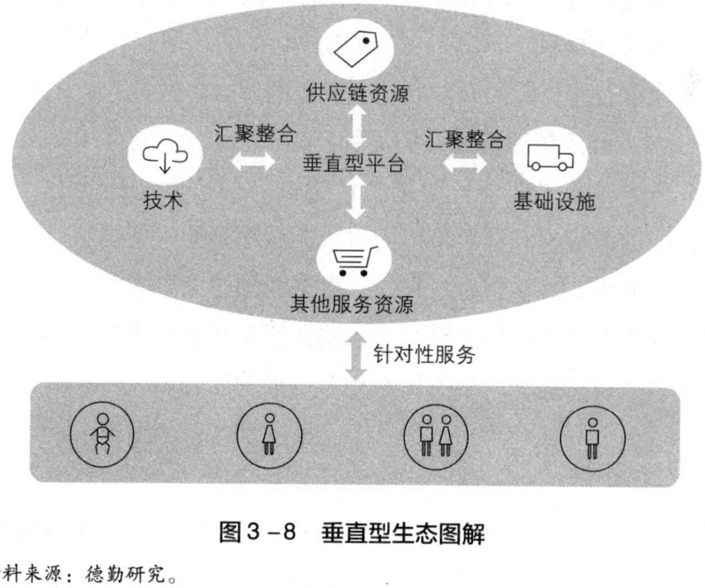

图3－8　垂直型生态图解

资料来源：德勤研究。

3.5 传统零售企业构建多元生态

虽然目前电子商务企业扮演着中国零售行业转型的引领者和推动者的角色，但是成熟的传统零售企业也在依托自身强大的线下资源推进着多种类型的生态体系。由于业态的差异，传统零售企业的经营策略和发展重心各不相同，因此也使得行业领先的传统零售企业在构建自有生态系统的同时产生了进行不同的资源配置和发展选择，进而演变出形态各异的生态系统。

对于大型的多业态零售企业来说，生态化的路径更加符合新零售的大生态思路。凭借长期线下运营形成的覆盖全国的门店、供应链、物流等资源，大型多业态零售企业在多渠道多品类协同发展的同时，开始整合和开放面向供应商和消费者的供应链、物流、数据、金融、售后等多种资源，形成了包容开放的超级平台。

以苏宁和国美为例，苏宁的发展战略可以概括为“一体、两翼、三云、四端”，以互联网零售为主体，以线上线下的开放平台为两翼，建立面向供应商和消费者以及社会合作伙伴开放的物流云、数据云和金融云，融合布局 POS 端、PC 端、移动端、电视端；国美在构筑生态圈的进程中，注重企业资源的开放和社会资源的整合，通过开放供应链能力（国美来购）、开放售后资源（国美管家）、开放物流能力（安迅物流）、建立异业联盟（跨界融合）的创新性尝试，加速供应链能力、售后资源、物流能力的输出和社会价值的引入，从而延伸生态链。

对于部分小业态零售企业来说，生态圈的建立更多是为了服务消费者，并不断提升体系内的产品组合、服务质量和管理质量，相对于其他的生态体系来说，这样的生态体系相对更加的闭合。

案例：7－11 便利店

以 7－11 便利店为例，7－11 便利店自成立以来能够获得持续发展的根源在于能够有效应对持续不断变化的消费者需求。7－11 便利店以

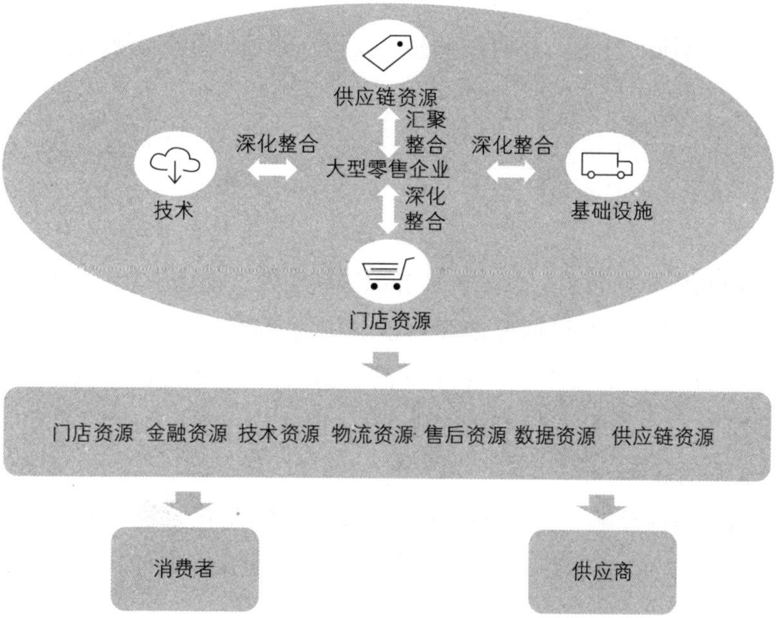

图3-9 传统零售企业生态

资料来源：德勤研究。

此为根本，贯彻和落实了三大主要方针：一是搭建了以高密度集中开店为基础的自有供应链体系；二是通过发展特许加盟，采用毛利分成的方式与加盟者形成共同事业；三是贯彻对品质的追求，不断提升单店的销售额。在这个过程中，7-11 构建起了专属的自有生态系统。

7-11 便利店生态系统的构成如下。

（1）以消费者需求为指引的商品研发体系。对于7-11 便利店来说，持续成功的根源在于能够有效地满足消费者的需求，因此十分注重商品的组合和商品的研发，不仅坚持以对市场的洞察为出发点进行商品开发，同时也组建了由7-11 便利店和供应商共同组成的团队开发体系，将消费者反馈和对消费者的观察及时与供应商互通，实现商品的持续优化提升和创新。与此同时，高比例的专用工厂也保证了7-11 便利店商品的品质和食品安全。

（2）特许加盟体系。7-11 便利店的特许加盟体系确保了企业的规模性扩张，通过不断地引入社会资源并形成利益共同体，7－11 便利店有效地整合了当地的资源，并通过商品、技术、管理、资本的嫁接，帮助加盟企业快速建立起成熟的店铺体系。同时区域性高密度开店也在一定程度上提升了 7－11 便利店运转中的物流效率、到店督导的服务质量、顾客的来店频率、企业的知名度等。

（3）高密度开店为基础的供应链体系。独特的供应链体系使得 7－11便利店能够利用后台分析和资源协同实现连锁品牌效率的最大化。7－11 便利店能够在店铺反馈和后台分析的基础上确定店铺供货方案，同时又通过共同配送体系（多个厂商的商品由 1 台配送车配送），把 1 店铺 70 次左右的配送车次减少到 9 次，既实现了精准配货，也实现了配送成本的优化。

（4）基础设施。长期使用并不断优化的信息化系统、大量的数据基础、配套的物流体系都构成了 7－11 便利店健康发展的基础设施。

图 3－10　7－11 便利店生态系统

资料来源：7－11 便利店。

综上所述，由于业态、规模、地域等方面的差异，传统线下零售企业在追求进一步扩张时采取了不同的发展战略，“大而全”的零售企业更倾向于构建以全渠道为基础的资源聚合平台，通过聚合产业链资源构建开放包容的生态体系；而对于专注于细分领域和商品服务的“小而美”业态企业，持续发展扩张的注意力更多在于线下的持续扩张、商品的创新和优化以及管理体系的完善与提升。

3.6 业态创新成为常态

在消费升级的进程下，消费者对商品和服务有了新的标准和需求，不仅更加追求商品的品质化和性价比，服务和内容也成为消费的重要构成部分。在这样的趋势下，零售企业尝试通过品类、业态和服务的创新，通过高品质、特色化的商品组合和快捷、高效、个性化的服务赋予消费者全新的消费体验。

生鲜类高频次消费是零售企业布局生态圈的重点方向，对生鲜类高频次的布局不仅有助于企业获取高频次的交易数据，同时也能够在一定程度上帮助提升消费者黏性。在生鲜电商发展多年无法破局的局面下，2016 年以盒马鲜生为代表的新型零售企业快速落地，凭借着互联网化的经营理念、线上线下的全渠道布局、零售与餐饮的跨界融合、供应链的整合以及背后资源的强力支持，成为市场的有力竞争者，同时也是超级平台对新型零售模式的一次重要尝试。

案例：盒马鲜生

以盒马鲜生为例，阿里巴巴在大力发展喵鲜生的同时，也在通过资本市场运作大力推进对于生鲜市场的布局，先后入股了易果生鲜、盒马鲜生、三江购物、联华超市等主营生鲜和日用品的零售企业，通过多角度的快速覆盖实现版图的扩张。对盒马鲜生的入股，意义不仅仅是对于生鲜布局的持续推进，同时也体现出阿里巴巴对于新型生鲜零售模式探索的支持。

盒马鲜生体系的构成如下。

（1）购买即会员。盒马鲜生通过 APP 与购物支付环节的强关联，实现无现金支付，这样不仅大大提高了效率，并形成购买即会员的概念。相比传统超市对非会员购买者，改善了用银行卡、现金等支付的用户“不认识”的困境。从而对消费者细分洞察，提供了天然的数据基础。

（2）半径 5 公里内的消费者。盒马鲜生构建的全渠道体系主要围绕店铺半径 5 公里以内的消费者，通过 5 公里内半小时配送的高时效服务和线下门店的零售 + 餐饮服务，满足生活半径内消费者的需求。

（3）数字化的后台系统支持。数字化的基础设施架构和系统架构使得盒马鲜生在多个环节能够更加的智能和自动化，同时来自阿里方面的支付宝等资源也帮助其搭建了消费数据的闭环和消费者的线上通路。

（4）供应链体系。通过联营的方式引入多个产品提供商，并通过专业团队进行全球直采。

（5）线上线下的全渠道模式。有别于传统零售和线上零售的全渠道模式自创建起便得到有效执行，线上承担更多的销售智能，线下承载体验功能，线上线下双渠道形成渠道闭环。

（6）零售餐饮融合的创新型体验。将特色餐饮引入卖场，通过自营和外包的形式为消费者提供现场的餐饮服务，增加消费者留点时间，同时切入外卖市场，拓展业务模式。

（7）超级平台的资源支持。盒马鲜生的快速发展与阿里巴巴的支持密切相关，资金、技术等多方面的支持为企业的前期发展提供了助力，而对于阿里来说，盒马鲜生的创新模式也是对其生态理念的一次探索。

生鲜零售作为消费者的高频触点，已经成为行业领先企业的一个集中发力点和创新点，对于生鲜市场资源的聚合有望为企业的生态圈提供强有力的支持，在为超级平台带来大量消费者的同时，实现线上线下的多方面融合互通。

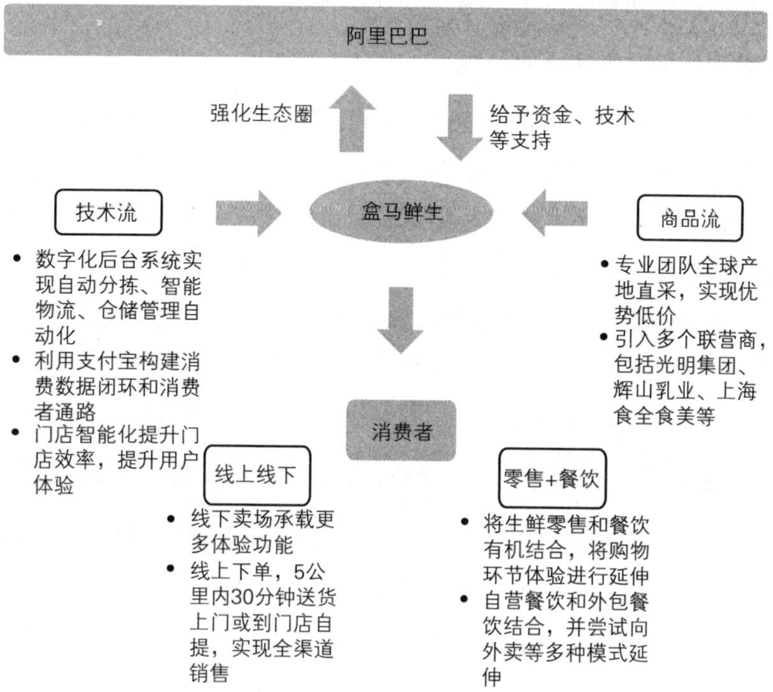

图3－11　盒马鲜生体系

资料来源：德勤研究。

3.7　零售生态走向两极化

主力消费人群的迭代和中国零售行业数字化转型的不断深入，正成为影响中国零售市场发展的重要力量。

消费人群迭代带来零售市场品质化和体验化变革

上一代消费者的逐渐老去和新一代消费者的快速崛起，将使得中国消费市场的商品和服务需求发生巨大的改变。在新一代消费者的推动下，消费需求正从重物质、轻体验的结构朝物质、体验并重的方向发展，而老龄化的加剧也将使得养老用品和服务市场出现可观的发展机遇。作为未来的主力消费人群，新一代消费者更加追求品质、性价比和个性化体验，服务和内容将成为影响消费决策的重要因素，因此，中国零售市场也将朝着品质化、服务化和个性化的方向发展。

数字化助推零售行业升级

中国整体的数字化水平正快速上升，作为互联网的原住民，新一代消费者对于移动端的依赖达到了空前的程度，线上成了他们购物、社交、娱乐的主要渠道，随着全渠道融合的深化以及多行业资源的打通，消费者画像将变得更加完整，商品和服务业将能够借助更多的数字化手段精准地触达消费者。与此同时，科技的进步正使得更多创新型尝试变得可能，消费者正在见证消费场景的变革，线上和线下的进一步融合、业态的持续创新、店铺从有人到无人都将成为未来可能的趋势。

“大而全”“小而美”各具优势，消费者需求成为核心关注点

从目前的发展趋势来看，“大而全”和“小而美”的生态具有各自的优势，都能够针对性地满足消费者多元化的需求，由于中国消费市场的巨大容量，多种类型的生态体系都将在一定程度上得到发展。但是无论行业格局如何演化，零售行业和生态构建的核心思路已经基本形成——以科技、数据驱动的，以消费者体验为核心的商业要素重构和优化的过程。

在“大而全”的生态系统中，超级平台需要向更加包容、更加开放的方向演化，通过不断地获取产业链上下游的优势资源，引入强有力的合作伙伴，进行资源的有效重构、整合与分配，来持续提升生态系统中企业的表现，通过整体生态系统的优化来强化超级平台在体系中的作用和影响力。

在“小而美”的生态系统中，不同消费者群体的特定需求是企业发展的核心因素，在不断提升在小市场中份额的同时，以消费者群体和市场为起始点向更大的市场空间拓展，开发生态拓展的新空间，从而获得持续的增长。

第4章

共享一切

FUTURE REIMAGINED

以消费交易对象为分类标准可将共享型经济行业分为居住共享、物流共享、交通共享、技能共享等。共享模式的出现对传统行业商业模式均带来一定的冲击，迫使传统行业进行变革重构生态圈。

大量互联网新技术的出现推动了共享经济的发展。大数据、自动定位系统、电子地图等技术的进步为共享经济的发展提供了技术支持，降低了撮合买卖双方交易门槛，特别是第三方支付平台的搭建为共享经济的发展提供了软件支持。而资金的大量涌入也有力地推动了共享经济在全国范围内的扩张，包括创新工场、红杉资本等著名投资机构纷纷踏入该领域。此外，公众对提升资源利用率的关心以及环保意识的觉醒也有利于共享经济接受度的提升。例如，共享单车解决了乘坐公共交通上下班的上班族的连接站点与家庭的走路问题，环保问题的日益凸显也成为共享单车发展的契机。

近年来，共享经济已经成为商业模式创新的一个热潮。所谓的共享经济模式，从广义上来讲，就是建立在所有权与使用权分离基础上的商业模式，它使得确定的产权所有人在不转移其所有权情况下，让更多的人使用他的所有物，让更多不确定的用户享有使用权，实现商品价值的充分共享①。

① 共享雨伞亮相合肥，花式共享还是变相租赁 . http：//china. cnr. cn/ygxw/20170513/t20170513_ 523753197. shtml.

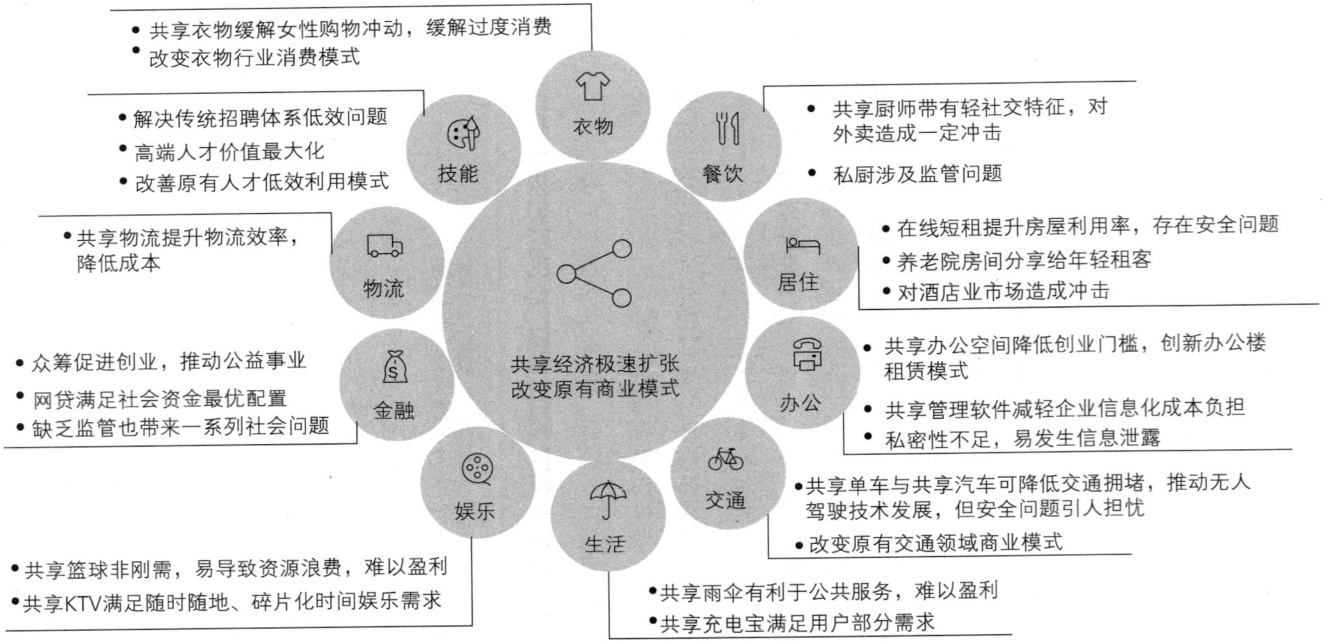

图4－1　中国共享经济涉及领域及带来的影响

资料来源：德勤研究。

共享经济虽是近年来新兴出现的商业模式，但这种模式的出现并非偶然。从供给端来说，社会上普遍存在的产品闲置问题促使越来越多的闲置物品所有者开始寻找利用其闲置资源的途径；需求端的消费者，也越来越愿意接受以不占有的形式付费享有使用权的消费方式，并将共享经济作为绿色健康的消费理念的践行；而互联网的快速发展为闲置资源的所有人提供资源、需求者使用资源、供需双方之间的对接与交易，提供了更高效便捷的方式。

（1）闲置产品所有者成为共享经济的供给端。当下过剩产能或者闲置商品是造成社会资源利用效率低的原因之一，而共享经济的出现为资源的利用拓展了可能性。在共享经济中，互联网技术提升闲置资源的流动性，社会无须再进行生产即可满足一部分人的需求，资源利用率得到极大的提升。这种资源的再配置和进一步利用推动了共享理念的发展，使得社会上闲置资源的所有者自愿成为共享经济的供给者。

（2）观念的转变促使共享经济需求的扩大。在传统经济中，货物买卖过程当面完成。而共享时代的交易过程中，买卖双方大部分通过互联网进行交易，身份无法确认，交易风险明显上升。第三方支付平台的大量普及在一定程度上解决了该问题，平台负责对双方身份进行验证，并在交易过程中对交易资金进行担保。更有保障的交易过程促使消费者更易接受共享消费形态。

（3）互联网的发展带来共享的便捷性。互联网技术的快速发展和互联网在社会生活中的逐渐渗透也是共享经济的重要驱动因素之一。闲置物品的所有者能够通过互联网平台整合分散闲置的资源，集中起来形成共享的“资源池”。第三方支付平台、更为精确的定位系统、基于大数据的精准分析等技术提升了共享经济的用户体验，也使提供共享资源的企业能够对资源的使用情况更为了解。

4.1 中国式“租赁经济”

美国作为共享经济发展的源头以 Airbnb 和 Uber 开辟了共享新时代，

而中国自从将共享经济引入国内，已经扩展到了包括移动出行、充电宝、雨伞等众多领域。但实际上，中、美两国共享经济的商业模式并不完全一样。中国的共享经济更类似于“租赁经济”的投资盈利模式，而不是所谓的闲置资源的利用。

在美国，共享企业仅仅为买卖双方搭建交易平台，提升社会已经生产出来的产品的价值，作为交易管道并不直接参与产品的开发。而租赁经济向消费者直接供给产品，通过批量化生产资源并投入，赚取租赁费①。

（1）中国共享经济供给并非全都来源于闲置资源的直接提供，大多包含了生产或采购的过程，以及投放到有需求和盈利可能性的市场上。譬如共享单车，并非来源于社会家庭或企业闲置的单车，而是为了构建共享单车的供给专门进行设计与生产制造的。

（2）中国的共享经济大多由 B 端向 C 端提供服务，而不是通过共享平台为 C 端向 C 端的交易提供平台。商业机构的共享出发点是赚取租赁费用，而不具有美国共享经济所强调的社交性。

总之，中国的“共享经济”体现的更多是“租赁经济”的形态，大多通过 B2C 的模式进行运营，流通的产品大多包含自主研发、制造和投放的阶段，让产品品牌化、规模化，不再是个人，而是一个完整的体系，更加专业化。在某些特定的领域中，相比于共享经济，租赁经济会更有效率、更标准、更有保障、更安全，可能是一种更合理的解决方案。

相对于国外的共享经济，国内的共享经济只收取廉价的费用。美国福特 GoBike“有桩投放”共享单车单次骑行限时 30 分钟，花费约合人民币 20 元，而在中国，共享单车早已进化到“无桩投放”，单次骑行半小时仅花费 0.5 ~ 1 元，并且各个共享单车初创公司频繁推出免费骑行活动②。投资者入局看重的不仅仅是共享单车未来的盈利能力，更看重各类共享服务背后的海量数据。

---

① 有些“共享经济”只是“租赁经济”. http：//finance. china. com. cn/roll/20170513/4211335. shtml.

② 福特在美国试水共享单车：有桩，单次骑行 30 分钟收费 3 美元 . http：//tech. sina. com. cn/roll/2017 - 06 - 03/doc-ifyfuvpm7221418. shtml.

4.2 共享只是一个开端

以滴滴出行、摩拜单车和小猪短租三家企业，分别对共享出行、共享单车和共享短租三个领域的共享经济模式进行深入分析。

4.2.1 案例：滴滴出行

中国移动端出行服务经历了网上租车到移动端约车。前者属于重资产模式，网上租车企业为车辆所有者，而后者则为轻资产模式，更加注重服务，管理灵活度更高，充分利用社会现有资源的价值。以滴滴出行为代表的一系列移动端出行平台是共享经济最开始的展现方式，其快速发展主要得益于移动端互联网的快速发展与资本的大量涌入，另外，政府对于新型经济模式的出现更为包容，也为其发展提供了良好的政策环境。

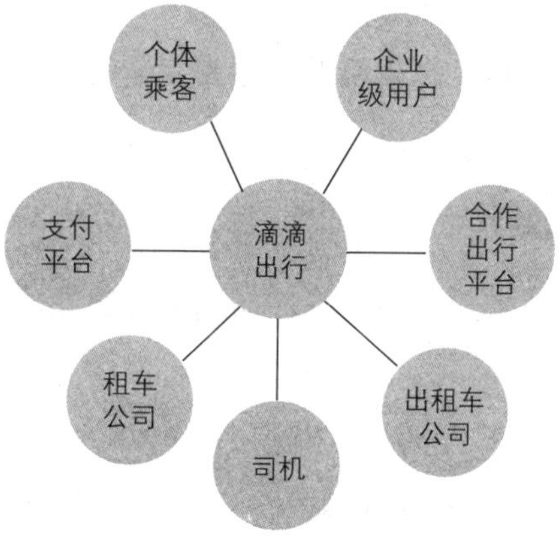

图4－2　滴滴出行生态系统

资料来源：德勤研究。

完善业务体系

自2012年移动端约车服务出现以来，经历了“烧钱”大战、滴滴快的合并、滴滴与Uber中国合并后，滴滴已经成为中国移动端约车行业市场份额最大的占有者。

2017年初已经将原有出租车、专车、快车、顺风车、代驾等八大业务划分为两大事业群①。将出租车、快车、优步纳入快捷出行事业群，满足大众出行需求，推动传统出租车市场的转型升级，专车、代驾、企业级与豪华车属于品质出行事业部，针对中高端及企业级用户，满足个性化定制需求。

滴滴出行的业务覆盖范围处于不断扩展过程中。从最初的出租车、快车，到专车服务，滴滴出行业务从大众出行领域切入企业级用车领域，从消费级层次进入中高端层次。

除了移动端约车服务，滴滴出行还开始进入交通出行的新领域。2016年进入在线租车领域，革新租车流程。不同于传统租车手续烦琐，需要用户现场验证信息、取车与还车，滴滴利用线上优势，用户可以全程在线上完成操作，由与滴滴合作的车辆租赁公司完成送车、还车环节②。此外，共享单车也已经成为滴滴出行的又一大新业务，与ofo共享单车平台开展合作，滴滴出行APP端接入ofo租车入口。共享单车是短途出行方式，可以补齐滴滴在出行服务方面的短板，形成出行服务的完整闭环③。

加速国际化布局

成立国际化事业部，开拓全球移动端出行服务已经成为滴滴出行的重要发展方向，这主要是因为中国各地出台网约车管理办法对司机、车辆、车牌等方面做出了严格的要求，在政策的限制下，美团等互联网公司开始进入该领域，中国市场开始新一轮竞争，而国外更加宽松的政策环境更能推动业务的快速扩张。

---

① 滴滴出行公布全新五大战略与组织升级．http：//news. iresearch. cn/content/2017/02/266972. shtml.

② 滴滴官网．http：//www. xiaojukeji. com/news/newsdetail？newsKey = b4fd0b51-ee87 – 435c – 9b9b-bbff07d3115e.

③ BAT撑腰，500亿美元估值，小巨头滴滴的国内外投资布局．36氪．http：//36kr. com/p/5081300. html.

滴滴在国际市场的拓展方面主要是通过收购与投资方式。通过投资境外已有的移动端出行服务平台与其建立合作，用户可以通过滴滴接入当地出行平台。滴滴投资美国市占率第二的 Lyft，并在 2016 年与 Lyft 完成产品对接，国内游客在美国游玩时可以通过滴滴海外使用 Lyft 的出行服务。在此阶段，滴滴投资了东南亚平台 Grabtaxi 与印度平台 Ola。这四大移动出行平台已经建立起全球合作框架，相互打通服务功能。

国际化布局不仅仅是进入国外市场，国内市场的国际化也是其组成部分，主要服务对象为外国游客、跨境商旅和旅华外籍人士。2017 年，滴滴已经在北、上、广率先推出中英双语功能的客户端。切换至英文界面的服务涵盖了整个服务流程，包括英文呼叫界面、呼叫成功界面、支付界面等[①]。此外，还提供中英文字信息实时翻译功能、英语电邮和英文电话客服服务。

布局智能交通

滴滴的发展不仅是业务范围的进一步扩展，成为综合性的一站式出行平台，成为技术型公司也是其发展的一大目标。它在智能交通的布局主要体现在大数据与算法优化、无人驾驶两个方面。

聚焦大数据与算法优化

利用大数据与算法优化现有业务过程中，滴滴在出行领域的大数据、机器学习和人工智能方面的技术已经处于全球领先水平[②]。从乘客下单到乘客到达目的地支付费用，滴滴在整个交易过程中需要完成供需预测、路径规划、智能派单、责任判定等一系列程序[③]。

出租车业务一直都是滴滴的重要业务，滴滴已经与超过 150 家出租车企业开展合作，通过大数据与算法优化，可以通过智能匹配等方式提

① 滴滴出行正式上线“双语功能”. http：//tech. cnr. cn/techgd/20170508/t20170508_523743836. shtml.

② 程维，滴滴出行创始人兼 CEO。

③ 滴滴引以为傲的“算法”能做什么？. http：//cn. technode. com/post/2017 - 02 - 23/didi-big-date/.

升出租车运营效率，降低空车率。解决北京市需求预测、运力调配的难度是纽约的20倍①，滴滴在出行领域的技术积累已经可以解决该问题。智能派单系统结合车辆行驶路径等动态信息为乘客进行最优化配置，结合价格、司机效率和路况等信息进行路径规划。

除了在自身服务上的优化，滴滴新成立的智慧交通FT团队还将与各地政府合作打造智慧交通体系，提高城市交通效率，用大数据解决城市交通治理问题②。滴滴拥有的海量交通数据能够帮助政府进行政策制定，在实时交通调度方面也能促进城市智慧交通体系的建立。例如，在交通需求预测方面，滴滴的交通数据量全球第一，覆盖交通状况、用户出行需求、车辆所处地区等多维度信息，既能够及时反馈道路通行状况，又能预测交通供需状态，这有助于政府制定交通设施建设方面的规划。厦门、深圳等政府已经在智能交通方面与滴滴展开合作。

推进无人驾驶

滴滴在智能驾驶领域落后于Uber。无人驾驶将成为未来交通的重要组成部分，全球范围内，互联网巨头均已开展对无人驾驶的研究工作，谷歌、特斯拉、百度、阿里巴巴、Uber等已经进入路测阶段。滴滴直至2017年聚焦于大数据安全和智能驾驶的美国研究院才得以成立，但这也意味着滴滴已经开始在智能驾驶领域发力。除了建立美国研究院，滴滴还与Udacity联合举办了全球首个智能驾驶车开源项目，以挖掘人才并使其加入智能驾驶技术团队③。

生态系统

滴滴出行属于匹配式生态系统，在此生态系统中，所有参与者都为完成从A点到B点这一目标。滴滴通过自身平台或与自身有合作关系的平台将出行用户（个体乘客、企业级用户）与出行服务提供商（租车公司、司机、出租车公司）进行匹配，并利用第三方支付平台完成整

---

① 程维，滴滴出行创始人兼CEO。

② 滴滴出行2017年全员邮件。

③ http://www.sohu.com/a/128898830_259978.

个交易过程。

4.2.2 案例：摩拜单车

我国的共享单车发展已经经历了三个阶段，从政府主导跨越成为企业主导，从有桩单车发展成为无桩单车①：

第一阶段：由政府主导，引进国外公共单车模式，该阶段为有桩投放，仅仅局限于一些城市。

第二阶段：由企业主导，投放有桩单车，范围较小，规模不大。

第三阶段：由企业主导，互联网经济下的无桩共享单车。全国性的大规模共享单车投放，超过数十家共享单车企业加入竞争，形成寡头市场。

共享单车已经成为高集中度的行业，摩拜单车与 ofo 已经成为共享单车市场的两大寡头，二者市场占有率高达 87%②，其中摩拜单车是最早进入该领域的公司。

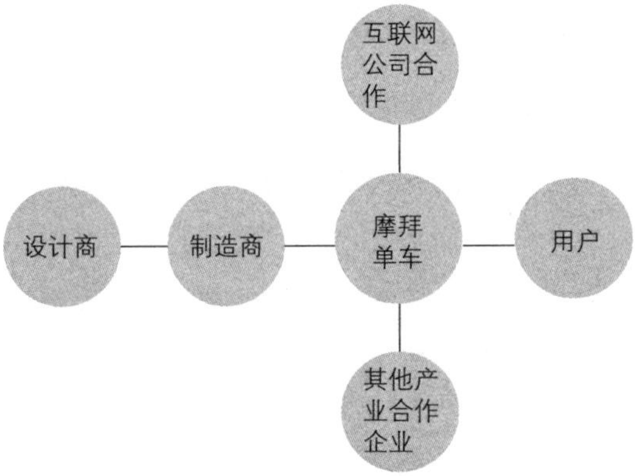

图 4-3　摩拜单车生态系统

资料来源：德勤研究。

① 从政府主导到无桩单车，共享单车发展的三个阶段. http：//www. woshipm. com/it/500491. html.

② 速途研究院.

设计商——车身设计减少后期维护修理成本

摩拜单车对单车部分构造进行重新设计以降低后期成本，如放弃充气式轮胎以减少后期对轮胎破损的修补与充气的需求。

（1）安全性：采用铝材料，抗拉强度是普通车架的2倍，更为安全[①]。

（2）耐用性：摩拜单车采用的是轴传动和单摆臂，与常见的链式传动不同的“圆锥齿轮—传动杆”的方式，使得车身更加耐用[②]；全铝车身更能经受得起户外日晒雨淋的考验，减轻后期公共自行车维修保养的成本负担。

（3）智能性：摩拜发明的智能车锁系统中集成了芯片、电路板、GPS与SIM卡模块，既包含定位系统，又包含报警模块，并含有防盗锁的功能，可使自行车实时定位，又避免了单车被盗。

摩拜单车目前已经获得29项专利，涵盖自行车车身、智能车锁、电机系统、车身零部件等多个领域，并有20余项专利正在申请中[③]。

制造商——供应链合作满足产能需求

（1）建立自有工厂，满足初期需求。摩拜单车对车身进行重新设计，一般的自行车生产企业无法满足生产需求。而在共享单车市场发展初期，生产企业不愿与其进行合作，主要原因在于重新安排生产线成本较高，而单车需求量并不大[④]。因此，早期的摩拜单车需要建立自有工厂以满足扩张需求。

（2）展开外部合作，多地建立生产线。共享单车领域竞争激烈，加快单车投放，快速扩大服务覆盖范围至关重要。摩拜单车在2017年

---

① 从摩拜单车谈到共享租赁 . http：//www. bikehome. cc/archive. php？ aid = 547756.

② 揭秘摩拜单车超低故障率：“黑科技专利高达50多项”. http：//prnews. techweb. com. cn/qiyenews/archives/8757. html.

③ 技术入场券之争：摩拜单车专利已达60项，ofo几项 . http：//www. cnii. com. cn/mobileinternet/2017 - 03/14/content_ 1831407. htm.

④ 摩拜单车总裁：现在最重要的不是赚钱是扩张 . http：//tech. qq. com/a/20170630/003682. htm.

初与富士康达成战略合作，作为全球第一大科技制造服务企业，富士康强大的生产制造能力能够满足摩拜单车对产能的快速增长需求。未来，双方将展开合作整合上下游产业，为摩拜单车成立专门的生产线[①]。

投资方——投资者持续跟进，助力摩拜单车的市场扩张

融资支撑高制造成本和快速市场扩张：现在的单车市场竞争激烈，面对 ofo 等竞争对手，摩拜单车需要不断增大车辆的投放量。摩拜单车的制造成本相对其他单车较高，充足的资金为摩拜单车的大批量生产和投放提供了坚实保障，推动了摩拜在共享单车市场上占有的迅猛扩张。

线上合作——增加微信扫码入口，客户资源共享

线上市场扩张——互联网客户资源共享。

腾讯不仅在资金上为摩拜助力，也在自家产品微信上新设了摩拜扫码入口，使得摩拜成了唯一一家接入微信平台的共享单车品牌[②]。微信作为全球最大的移动互联网服务平台，拥有 9 亿高活跃度用户，摩拜单车与其联手将直接获得用户群体的“共享权”——9 亿高价值移动互联网用户，为摩拜在市场扩张上给予了有力支持[③]。

线下合作——与房产商深度跨界合作，打造社区居民低碳出行生态圈

线下市场扩张——社区居民市场扩张。

摩拜与房产商达成合作来源于在“解决最后一公里问题”理念上的双赢[④]。摩拜单车已经与万科开展合作，进入万科社区向居民提供优惠服务，如向社区居民发放骑行优惠券、与商家合作开展优惠活动等。

---

① 摩拜单车获富士康战略投资，并达成独家生产合作 . http：//finance. sina. com. cn/chanjing/gsnews/2017 －01 －23/doc-ifxzusws0083222. shtml.

② 摩拜单车全方位接入微信，从资本到运营全方位支持 . http：//business. sohu. com/20170330/n485684283. shtml.

③ 摩拜单车全方位接入微信 . http：//business. sohu. com/20170330/n485684283. shtml.

④ 摩拜 ofo 都不靠谱，谁来解决最后一公里问题 . http：//tech. ifeng. com/a/20161104/44486017_ 0. shtml.

用户——享受分时租赁服务

（1）分时租赁创造营收：摩拜正是为用户提供了这样一个社会资源共享的平台，可以说是创造了一个“产品服务系统”，充分利用其单车资源，在需求方暂时转移，做分时段租赁。

（2）高额押金增强用户黏性：摩拜单车使用前需要进行注册缴纳押金，押金金额为299元。虽然押金随时可以申请提取，但也在无形中增强了摩拜单车的用户黏性。另外，这些押金也已经积累起一定规模的“押金池”。

政府——积极出台政策助力规范市场

共享单车乱停乱放甚至违章的现象屡禁不绝，各地纷纷起草或出台共享单车新规，致力于规范共享单车秩序。例如，上海市作为最先开展共享单车业务的城市，早在2016年就开展调研，并编制了共享单车标准，包括3年强制报废、满12岁才能使用等，此外，黄浦区已经公布共享单车的禁行区域。

4.2.3 案例：小猪短租

2016年，中国在线短租行业市场规模高达87.8亿元，随着消费者对共享经济的认同以及在线支付等技术的进一步发展，该市场在接下来的几年将会进一步增长。

不管在品牌接受度还是经营规模等方面，途家和小猪都已经成为国内市场的领导者。中国在线短租平台正在崛起，然而相较于国外成功的Airbnb等平台仍有差距。例如，途家在中国和海外在线房源超过40万套，而Airbnb在34000个城市拥有超过1亿套房源。一二线城市的“80后”“90后”成为短租平台的主要参与者。

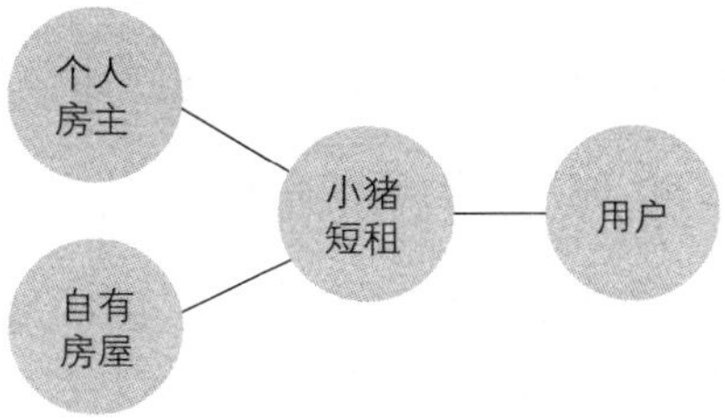

图4-4　小猪短租生态系统

资料来源：德勤研究。

房源供应：从线下短租存量市场到个人房源增量市场

（1）线下短租业务信息化。在Airbnb出现之前，线下短租行业已经拥有成熟且复杂的业务链条，国内大部分短租平台如小猪短租、蚂蚁短租、木鸟短租等都是起步于整合这部分存量市场，短租平台通过如地推、促销等方式占据市场。

在房源端，平台早期掌握的个人房源较少且质量偏低，如小猪的初期房源多是地处偏远且装修简陋的房屋。共享经济在中国发展之初，短租平台针对消费者普遍存在的怀疑态度调整战略：一是转向O2O模式，即依赖于分类信息服务网站，将线下职业短租客手中的房源整合到线上；二是选择大批的酒店式公寓作为房源。

（2）利用人际示范效应深耕个人房源市场。小猪平台在发展初期，与职业房东进行合作，然而由于对其投诉较多而放弃了这一模式。2014年起经过数轮融资，开始在北京、上海等城市大规模投放广告，吸引更多的个人房东与质量更高的房源。2016年底，小猪已经在全国306个城市拥有了14万套房源①。

房客需求：依赖线上分类信息网站获取

除了房主直接在小猪平台上进行房源发布这一途径，小猪短租同其

① 小猪短租深圳发布“商旅优选”房，抢占住宿市场. http://news.21cn.com/caiji/roll1/a/2017/0426/15/32208041.shtml.

他大多数短租平台一样从各信息分类网站获取房源。已经与58同城开展合作，为58同城的用户提供优惠活动，进一步满足房客的需求。

供需对接：从C2C纯平台到运营化管理

作为C2C平台为保证房客与房主能够实现信息对称，小猪平台采取身份认证、线下验证房主身份等手段保证交易双方身份的真实性。此外，对于房源自身的质量建立标准化衡量体系，包括整洁卫生、描述相符、交通位置、安全程度、性价比五大方面①。

在运营化管理方面，2016年小猪开始在线上线下做品牌推广，同时逐步加强对线下的运营。一方面主动开发高质量房源，提升平台整体水平，另一方面主动帮助房东学习如何管理，向房东提出具体的建议。

未来市场：增量空间充足，小猪有望继续领跑在线短租市场

随着分享经济在中国不断深入人心，2016年小猪平台上已有1000万活跃用户，全年GMV（成交金额）为11.5亿元，订单成交量同比增长迅速②。2016年10月在线住宿APP人均启动次数为8.55次，使用时长为1.07小时，其中小猪以人均13.27次启动及1.45小时使用时长稳居第1③。

2016年中国在线短租市场交易规模为87.8亿元，预计2017年将达到125.2亿元④，市场仍然有增量空间，小猪平台有望在未来继续领跑在线短租市场。

4.3 未来一切皆共享

滴滴出行成为中国网约车最大平台，摩拜单车等平台也在对共享单

① 住宿分享经济的春天已来，约190万套房源参与. http://finance.ifeng.com/a/20170301/15220088_0.shtml.

② 小猪短租2016年成交金额11.5亿，房客平均29岁. http://m.21jingji.com/article/20170117/herald/73e668f5fe0944874ba0f55ba55ddc3b_baidunews.html.

③ 中国在线短租C2C市场专题分析2016. 易观.

④ 2017年中国在线短租行业研究报告. 艾瑞咨询.

车市场进行激烈的争夺，腾讯、阿里巴巴、百度等互联网巨头投入大量资金介入其中，中国共享经济规模与范围正在飞速扩张，远超共享经济起源地美国。中国的共享经济发展速度在全球范围内都处于领先地位，然而仍有一些问题亟待解决，如政策监管、盈利模式等问题。

共享经济模式将保持增长，并渗透到更多不同的领域

共享出行、共享充电宝、共享雨伞、共享衣物等多样的共享形式纷纷涌现，近期苏宁易购已经推出共享干衣服务以解决梅雨季节衣物无法彻底晾干的问题。从网约车、共享单车到衣物租赁、共享雨伞，共享领域已经开始向人们生活的更加细致的方面渗透，其服务范围有望进一步扩大。有可能在知识分享、技能分享等方面得到进一步发展。

“预计未来几年，分享经济仍将保持年均40%左右的高速增长，到2020年分享经济交易规模占GDP比重将达到10%以上，到2025年分享经济规模占GDP比重将攀升到20%左右，未来十年中国分享经济领域有望出现5～10家巨无霸平台型企业。”①

共享经济形式数量在不断扩展的同时，与制造业的融合也处于迅速发展过程中。例如，摩拜单车需要与传统制造业企业进行合作开辟专用生产线以满足特殊产品生产要求与庞大的产能需求；共享充电宝平台需要对充电宝进行重新设计并与制造商进行生产合作。共享经济的影响已经从其自身领域扩展至实体经济，实体经济也需要与共享经济进行融合。

共享经济将重塑劳动力市场

共享经济服务企业的出现不仅仅是一种新的经济形式，其对社会的影响，特别是劳动力市场的影响更为深远。在共享经济中，原本与公司签订合同的员工可以摆脱雇佣关系，从全职工作转变为兼职工作，工作地点也不再是固定的办公室。

例如，网约车软件的出现推动专车司机出现，有车或无车的司机均

① 2017中国分享经济报告.

可在任意时间根据个人情况选择是否开始工作，网上技能分享网站则允许拥有某项技能的人帮助求问者完成任务。基于共享经济的工作形式更加自由，劳动者的工作方式将向兼职式转变，全职工作将变得更少。

对共享经济的监管将得到进一步完善

共享经济已经给公众的生活带来了巨大的便利，但安全、隐私等问题仍待解决。2017 年 7 月，国家发展改革委等 8 部门联合印发《关于促进分享经济发展的指导性意见》，明确对共享经济的鼓励支持态度①。分享经济是一种全新的经济形态，尚无可以借鉴的监管措施。未来，政府、企业、行业组织将合作对共享经济出现的问题进行监管，并出台一系列的具体措施进行规范。

---

① 分享经济监管创新呈现三大趋势 . http：//finance. sina. com. cn/roll/2017 －07 －06/doc-ifyhvyie0297487. shtml.

第5章

金融裂变

FUTURE REIMAGINED

5.1 科技改变金融逻辑

5.1.1 金融科技重构金融行业

科技的进步引发了各种金融创新，正在迅速改变着传统金融行业的各主要领域。围绕消费者行为和需求的不断变化，传统的金融服务行业参与者正面临着各领域的新竞争者，例如，现金和信用卡正在逐步被数字化产品替代，分布式集资平台的出现使资本市场不断开放引入更多的参与者，而保险领域的互联互通将改变客户风险评价方法，等等。“金融科技”（FinTech）已成为引领金融服务行业变革的重要力量，正在迅速推动整个金融行业进行重构。

实践中金融科技的具体含义在不同背景下存在差异，与国内的“互联网金融”概念既有联系，又有区别。总体来看，金融科技可分为支付结算、储蓄与借贷、资本筹集、投资管理、市场设施及保险应用6类（详见第5.2节）。

总之，与当前的金融科技现象相比，金融业（特别是银行业）长期以来已经历过多次技术创新，金融创新往往以大量集群的形式出现，最终颠覆传统完成对行业/领域的重塑。同样，促使当前金融业发生裂变的创新绝不是孤立事件，而是以集群方式迅速改变金融的主要账户、支付市场、资本市场、投资管理和保险领域，改变着传统金融行业的商业模式，使传统的行业参与者连同新涌入的竞争者一起融入新的金融生态圈，从而完成对整个金融行业的颠覆和重构。当前的金融裂变由日益发展的科技驱动，其明显特点是基于信息平台、数据密集型以及资本轻

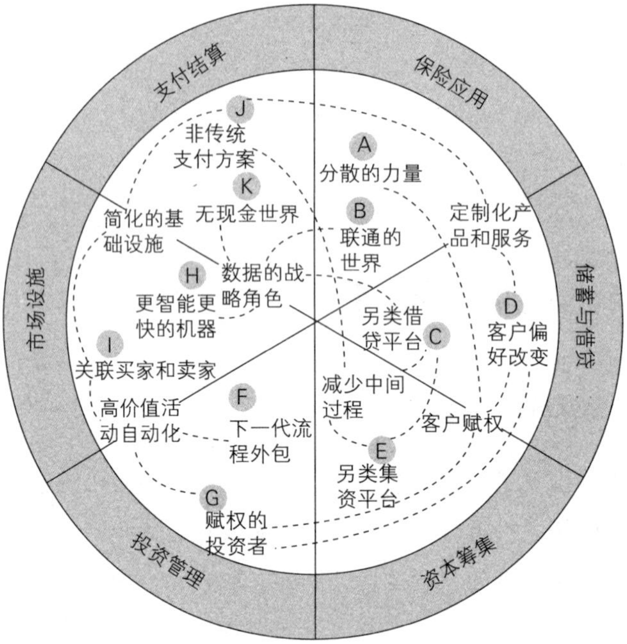

A 共享经济 自动驾驶车辆 数字传播

B 物联网 传感器 穿戴式设备

C P2P网贷 另类贷款审查

D 物联网 传感器 穿戴式设备

E 虚拟交易及智能合同 众筹 另类尽职调查

F 高级算法 云计算 能力共享

G 自动化投资顾问 零售算法交易

H 人工智能 机器学习 大数据分析

I 市场信息平台 自动化数据收集和分析

J 加密电子货币 移动货币

K 移动支付 简化支付

图5－1　金融科技对金融服务业进行生态圈重构

资料来源：德勤《改变金融服务业的五大趋势》，德勤研究。

型化，因此出现了“金融科技”这一颠覆行业的名词。

5.1.2　金融科技的作用和意义

“金融科技”（FinTech）的概念已经在全球范围内迅速兴起，但尚无统一的定义。金融科技即“FinTech”，是 Financial 和 Technology 跨界融合的产物，根据沃顿 FinTech 俱乐部的解释，FinTech 是指用技术使金融体系更有效率的行业。技术带来金融创新，使金融服务行业效率提高，成本降低，从而极大地拓展整个金融服务的广度和深度。

传统金融模式下，往往存在信息不对称、金融风险大、借贷成本高等问题。金融科技的主要作用是提高金融服务的覆盖率和可得性，从而显著提高金融效率。关于金融科技的意义，通过诺贝尔经济学奖获得者罗伯特的一句话可以帮助我们更好地理解："为什么要发展金融科技？将来的发展方向，可以帮助越来越宽广的社会阶层广泛地分配财富，金融创造的产品可以更加大众化，也可以更好地和社会经济融为一体。"因此，金融科技一方面推动整个金融行业去中心化，另一方面深入长尾市场，使更多个体或者中小企业享受到更加便捷、高效的金融服务。

金融科技改变了金融服务行业的游戏规则，使金融行业发生裂变。金融机构和科技公司共同参与，已经构建起了更大范围的高性能动态生态系统，参与者需要与外部各方广泛互动，获取各自所需要的资源。因此在金融科技生态系统中，将不仅仅是资源的简单聚合与协调，其显著特点是金融机构与科技公司之间的互动非常频繁，形成一种深层次的信任与合作关系，各自提升商业效能，并且相互竞合，共生共荣，改变了传统的静态生态圈，形成一种高效能广泛互动的动态金融生态系统，从而重构整个金融行业。

全新动态金融科技生态系统所带来的商业效能表现在三个方面：第一，创新技术应用于传统金融业务，使整个金融行业的基础服务架构得到改善，从而降低业务成本，提升服务效率并覆盖更多、更广泛的客户网络；第二，出现多种形态的创新金融科技公司，它们不拘泥于传统，以擅长的创新技术为基础，根据客户需求提供定制化的产品和服务，覆盖更多被传统机构"拒之门外"的长尾客户，使金融服务惠及大众，创造更多价值；第三，高度规模化的特质吸引更广泛、更多元化的参与者融入生态圈，主要为覆盖各类生活领域的服务平台。生活服务平台聚集了大量消费场景、客群、数据和流量，已经成为金融科技公司争抢的核心。无论是金融机构还是金融科技公司，拥有了客群和流量方可带来大量业务收益，并进而根据客户沉淀下来的数据进行分析和研究，从而创新出更多客户化的产品和服务，进一步吸引客户，提高客户粘性，充分获客与活客，最终形成一种动态的业务循环，使金融机构、金融科技公司、第三方平台都提升各自的商业效能，并惠及更多的消费者。

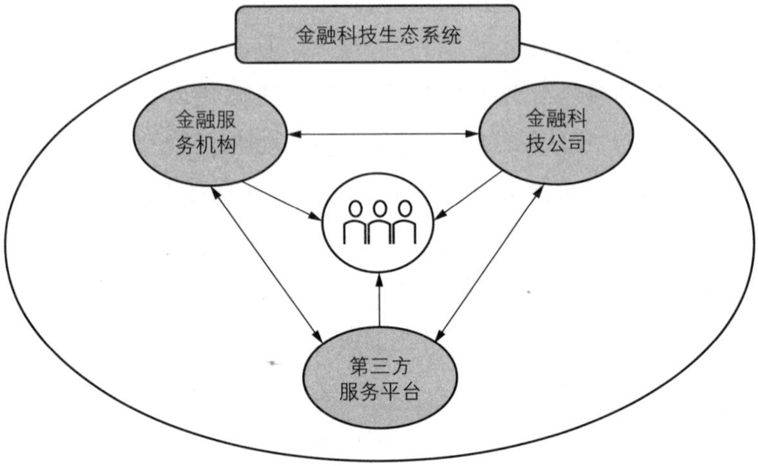

图5－2　金融科技生态系统

资料来源：德勤研究。

具体来看，对传统金融机构来讲，科技创新推动要求传统机构必须做出改变，应用新科技，改造现有的商业模式，方能创造更多价值。以银行为例，利率市场化以来，传统依靠息差经营的市场已经接近饱和，银行营收放缓，面临增长方式转型的挑战，需要积极拓展零售金融，抢占客户和数据流量，而这正是移动互联所擅长的；而科技公司擅长技术、数据、场景、客群，随着监管日趋收紧，其初期的经营红利不断收窄，通过与传统金融机构合作，科技公司可以充分借助金融分支机构的实体网络发展线下资源，弥补自身的不足，构建起金融科技公司的线上和线下一体化，有利于向金融服务领域渗透和平台综合管理。因此在当前的金融生态系统中，金融机构与科技公司更加强调跨界合作，优势互补。

在具体要素方面，金融服务包括借贷、支付、投资、融资和保险等业务领域；科技应用则包括大数据、云计算、区块链、人工智能和移动支付等创新技术。在全新的金融生态系统中，金融与科技相互合作并深入融合，引领行业打破传统，从而颠覆并重塑整个金融行业，表现在商业模式变革和科技应用变革两个方面。

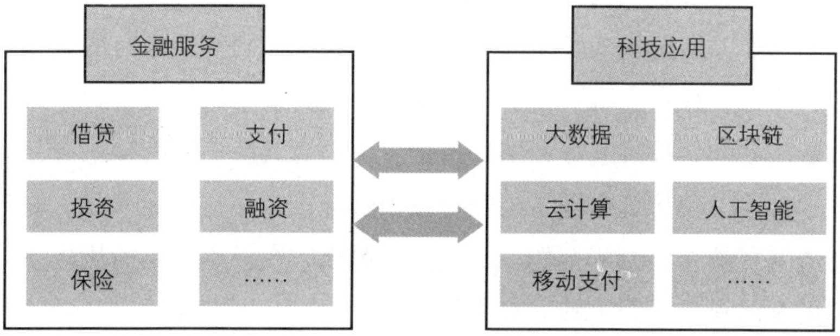

图5－3　金融科技的主要要素

资料来源：德勤研究。

（1）重塑金融服务的商业模式。在技术驱动下，金融行业基础架构将会简化，产品和服务内涵发生变化，业务流程也相应改变，最终提升效率并惠及更大范围的客户。例如，移动互联使直销银行和移动银行兴起，银行卡逐渐被数字化产品取代；网络借贷可帮助更多的合格借款人获得贷款，以支持消费或创办公司并运营；而随着消费者行为和偏好的不断变化，以技术驱动的精准营销和推送则可以使消费者获得定制化的产品和服务，通过技术增强了客户粘性，并使小商户融入更大范围的生态圈；人工智能机器人可在一些服务领域逐渐取代手工劳动，为客户提供投资理财咨询服务等。

（2）以技术应用为核心的场景和数据化成为行业趋势。互联网、物联网、云计算、大数据、区块链、人工智能等大量新科技链接其全景化生活场景，带来更多的客户流量和客户数据沉淀，场景及客户数据价值凸显，是金融科技公司争相布局的重点。基于场景和客户数据，传统需要线下审核甚至进行实物抵押等方式才能实现的借贷业务，今天可通过大数据分析迅速得出结论，其核心在于对客户行为数据的大量积累和深刻洞察；又如人工智能机器人也是基于客户行为和风险偏好，提供相应的投资理财咨询；另外，区块链、物联网等则应用于保险理赔定损服务等方面。

在全新的动态生态系统中，金融科技的发展有两条路径：金融科技公司发起和传统金融机构发起。具体来说，新兴金融科技公司利用技术力量驱动业务运营模式发生改变；传统金融机构则依托已有的金融资源和金融服务，投资金融科技业务，实现自身转型，具体有三种方式：一是投资+并购，收购潜力金融科技企业，整合其所拥有的金融产品线和高技术人才，使传统金融与金融科技相融合；二是在特定产品、服务方面与金融科技企业合资合作；三是自我孵化，在资本充足的机构，开辟专门的金融科技部门，独立自主研发。

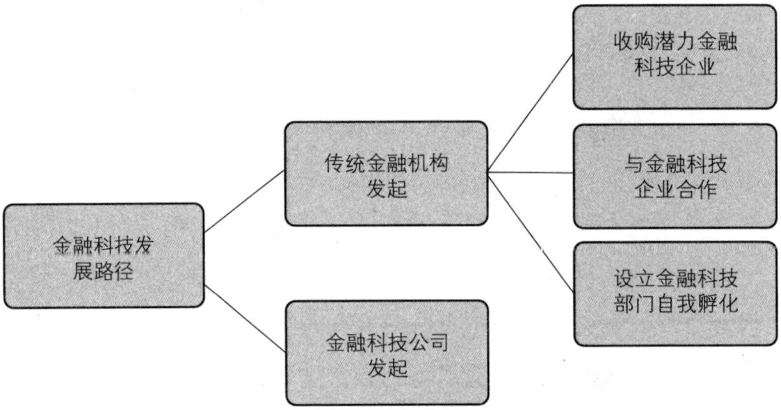

图5-4　金融科技发展路径

资料来源：德勤研究。

总之，金融科技正在引领传统金融服务业发生变革，传统金融机构、金融科技公司以及第三方服务平台为主要参与者，彼此深入互动，以合作创造更多接触客户的渠道，从而覆盖更大范围的客群，特别是长尾端客户。一方面金融科技公司等参与者合作构建了更多业务场景链接至金融服务，显著提升各自商业效能；另一方面消费者客群可获得更高效、全景化的金融服务。

5.1.3 真正的颠覆者——区块链技术革命

在金融科技的概念范畴中，分布式账本技术（Distributed Ledgers Technology，DLT）被广泛认为是最具发展潜力的代表性技术，也最有可能对现有金融业务模式产生重大甚至可能是颠覆性的影响，这也是其受到国际组织、各国监管当局和金融机构广泛关注的重要原因。三年内在DLT领域共有超过2500项专利申请及逾14亿美元投资。全球至少有24个国家进行投资，50家公司加入相关联盟，90家银行参与相关讨论。①

分布式账户的技术原理是：一个网络中的所有用户同步记录某一交易信息，互相验证该信息的真实性（而不是向证券交易所、银行等传统权威中介机构验证），通过用户之间的共同验证，减小一项信息被少数用户伪造、篡改、冒用的可能性，增强交易双方的直接信任，从而大大降低中介成本。其中，区块链是分布式账户最主要也最具代表性的技术。其流程为：当一笔交易发生后，交易参与者可以向网络提交该笔交易信息，交易信息经过加密后变得不可篡改，并以命名为区块（Block）的数据包形式存在。每一个区块都需要同时发送给网络中的其他参与者，与这些参与者分布式账户中记载的历史信息同步比对验证，只有网络中绝大多数参与者均认可其真实性和有效性，该区块才能存入网络中各参与者的分布式账户，并与账户中以前存档的区块相链接（Chain），形成区块链（Blockchain）。该技术最早应用于“比特币”等虚拟数字货币的生成、存储和交易，目前正尝试向支付清算、会计、审计、证券交易、风险管理等领域扩展。

目前，国际上对区块链、分布式账户技术的主要看法为：一是尚处于初步发展阶段，应用效果还有待实践检验。这类技术的大规模应用对系统资源和硬件投入要求很高，在运营成本上还不经济，对隐私保护的有效性也不确定，目前只在限定区域或机构内部小范围研发和应用，最终要做到在金融体系中广泛运用，还需要解决很多技术和风险管控方面

---

① 世界经济论坛调查．德勤及德勤/欧洲金融协会区块链报告：摆脱阻碍—区块链接—从无到有．2016年5月．

的问题。二是若在金融领域广泛采用，将对现行金融业务模式和支付清算体系等金融基础设施产生根本性的影响。其中，支付行业可能会成为首先应用该类技术的领域。三是对金融稳定的影响尚不明确，未来可能会对监管形成重大挑战。例如，此项技术的“多边互信”、“去中心化”等特征，有可能会降低用户对银行等传统金融中介和交易所的依赖，影响现有金融机构的市场地位和竞争力；更多场外交易会增加金融监管的难度。另外，一些科技企业还可能在未受监管的情况下涉足金融业务，影响公平竞争和金融稳定。①

监管环境不确定、相关标准制定仍在起步阶段、缺乏正式法律等因素都阻碍了 DLT 的大规模运用实施。DLT 也面临所有技术变革都有的常规挑战，即应用 DLT 所带来的金融基础设施更新耗时很长且投资金额巨大，并且存在多方利益竞争。即便如此，我们仍可讨论 DLT、区块链引用的潜在案例，这有助于了解其对金融服务模式的改变情况。

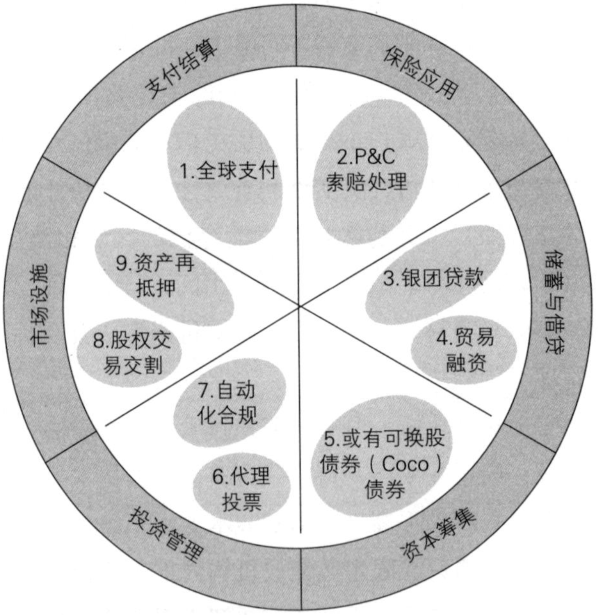

图5－5　区块链应用实施遍及各金融服务职能

① 关于金融科技发展与监管的研究报告．中国银监会．2017 年 3 月．

事实上，根据前文我们归纳的金融科技重构生态圈的金融服务分类，DLT 和区块链实施可遍及各金融服务职能，包括支付结算、保险应用、储蓄借贷、资本筹集、投资管理、市场设施六大领域。可探讨的潜在应用案例包括全球支付、商业财产及意外伤害索偿、银团贷款、贸易融资、或有可转债、自动化合规、代理投票、资产再抵押和股权交易交割（详见第 5.3 节）。

5.2 传统金融业面临转型

金融科技所带来的创新技术应用于传统金融业务领域，正在对储蓄和借贷、移动支付、资本筹集、投资理财和保险等领域的传统业务模式进行重构。对消费者而言，这种行业变革改变着生活消费的方方面面。这些变化形成一种长期趋势，传统机构将积极适应行业变革，不断创新和转型，应用新技术，融入新的金融生态圈。同时，以技术供应商、创新金融科技公司为代表的新进入者也在寻求机会与传统金融机构合作拓展线上和线下的综合服务平台，共同提升商业效能。

5.2.1 储蓄与借贷：直销及手机银行

客户主要账户发生改变，直销银行和手机银行兴起

直销银行，即没有传统实体网点，不发放实体银行卡，客户主要通过电脑、电子邮件、电话等远程渠道获取银行产品和服务，因没有网点经营费用和管理费用，直销银行可以为客户提供更有竞争力的存贷款价格及更低的手续费率。降低运营成本，回馈客户是直销银行的核心价值。主要通过 ATM 提供服务的直销银行，代表了未来银行的模式。银行本身并不是新设立的，大多数是大型、传统金融机构多年前建立的为价格敏感客户提供服务的子公司。银行以降低费用以及有吸引力的利率吸引客户通过电话或网络进行交易。而在今天的金融科技生态系统中，由于技术改进，银行可以在价格以外的多方面展开竞争。

手机银行即通过银行的手机应用程序进行业务操作。和许多其他行业一样，随着移动设备的广泛应用，金融机构争相推出了手机网站，后来又推出了功能更完善、应用更便捷的手机应用程序。并且，这项服务的优势逐渐转向了非传统的参与者，他们依靠先进技术专长，为手机用户提供便捷服务，如个人账户服务、账单支付服务和语音服务。

未来将会形成银行为中心，包括外部服务商、非银行参与者的中心式动态生态系统。银行“通用基础平台”可提供标准化的应用程序界面，并允许外部开发人员在此平台基础上，构建不同的客户化功能，形成供应商的核心产品提供给不同的客户。这种方式可推动生态系统的新加入者发展，并使传统参与者直接应用通用基础平台，免除构建全新定制方案所需的高额资本压力。不同参与者在银行提供的通用基础平台上相互融入，为实现共同的商业效能目标，形成新的促进式生态系统。具体来看，生态系统中的另类服务商获取了大量客户信息和数据，并将加入其他小众服务商网络，与传统服务商展开正面竞争。总之，随着虚拟渠道交互作用更大，传统和另类金融机构将更加贴近客户日常生活场景。

这些趋势将在几个方面重塑零售金融服务业。如果服务在某种程度上不再是绑定的，即金融机构不再完全拥有多数消费者的行为数据，那么服务商独立创造更多吸引客户的产品和服务的能力将受到限制。而改变偏好则可能生成非传统的服务商生态系统，在此情形下，金融机构仍然作为中心，但是它们掌控客户终端对终端体验的能力将会被削弱。总之，传统金融机构需要与新兴的金融科技公司进行合作，以充分应用不断涌现的新产品、服务、营销机会和技术。

零售客户的未来银行体验如下：

（1）完全虚拟。虚拟渠道将超出基本交易范围，提供更广泛的功能。

（2）客户至上。以客户需求为中心，提供综合金融解决方案。

（3）无缝体验。为客户提供无缝便捷服务。

（4）细分市场。服务产品将满足每个细分市场客群的需求。

（5）外部体验。依靠多个外部服务商，提供个性化的网络和移动解决方案。

潜在影响如下：

（1）非金融公司管理客户关系及分销渠道，传统金融机构成为日益细化的金融产品服务商。

（2）出现专营账户管理的小型或虚拟金融机构，与其他小众服务商合作提供综合金融产品。

（3）在动态生态系统中，其他服务商网络将与提供综合金融服务的零售银行竞争。

（4）金融机构采用虚拟渠道巩固客户关系，并以较低额外成本提供非金融服务。

5.2.2 移动支付：无现金世界

应用移动便捷支付构建成无现金的世界

移动性和联通性使无现金社会成为现实。移动应用程序使用户无须使用钱包，也无须排队等候结账。集成技术和简化技术使结账流程更加便捷。地理标签、生物特准和代币均可保护交易各方免受欺诈。在众多电子支付平台均为客户提供便捷支付服务的竞争性市场中，如何使自己与众不同成为一项挑战。对此，未来将出现几个可能的变化或趋势。

（1）支付市场被大型服务商整合。大型独立运营商具有相对于银行发行者而言更大的自身规模优势，包括掌握客户的大多数支付活动以及与生活方式或偏好相关的价值数据。例如，蚂蚁金服旗下的支付宝、腾讯旗下的微信支付，已经成为移动支付的行业巨头。

（2）支付市场被分割。随着消费者购物时需要的支付卡数量更多，信用卡为金融机构保留客户的能力被削弱，金融机构更加难以掌握客户的信用状况。在支付宝、微信支付越来越普及的今天，各类场景下的消费数据和信息大量沉淀下来，成为移动支付巨头的数据积累，而传统银行的支付端客户流失，客户行为数据匮乏而且内容单一，无法进行充分的客户洞察和应用。

(3) 出现信用卡被完全取代的情况。如果信用卡被取代，零售金融机构就需要找到替代信用卡的借款业务，以补充相应收益。随着客户对银行账户交易费用偏好的改变，机构将在维护客户忠诚度、增强客户黏性方面面临更大的挑战。

总之，随着客户偏好改变，金融机构自身产品不足等原因造成客户交易体验不佳，均可能失去部分客群。拥有特定客群数据将成为抢占市场份额的重要因素，金融机构将会更加重视市场营销。

5.2.3 资本筹集：分布式集资

通过资本聚合形成分布式集资（众筹）平台

分布式集资平台即众筹平台，旨在帮助企业和投资者彼此联系，实现大众投资者与创业项目对接，是动态的促进式生态系统。分布式集资平台不提供投资建议，也不出售权益性投资和债券性投资。该平台使企业可以在一个固定场所吸引潜在投资者，而投资者则可以在这个平台上便捷地寻找投资机会，并与其他机会进行对比。

分布式集资平台在提供的机会方面有所差异。一些平台专门针对创业企业，其他平台则允许投资者为其接受的服务收取交易费用。很多平台可以为筹资者提供法律建议或者允许独特的投资条款，如向投资者提供奖励。

分布式集资平台中的主要问题是新的投资资产类别是否适合个人投资者。例如，一些投资机会要求融资申请者满足最低财务标准或者需受经验投资者领导，另一些投资机会则全力提供消费者保护。要想获得长期成功运作，分布式平台就需要将申请者和投资者的利益有效对接。

分布式平台对传统投资和中介机构有多重影响。主要包括如下三类。

(1) 尽管种子期初创公司担心其业务会被竞争对手洞悉，但难抵众筹平台优势的诱惑。因此，面对竞争，传统中介机构可能需要为其提供的投资机会提供可能的风险保障。

（2）传统投资机构本身使用分布式平台，可作为小额投资的便捷方式。

（3）分布式平台都将发展成流行的适用于大型公司的融资方式。在此情形下，传统中介机构能否提供非融资相关的价值将尤为重要。

无论何种情况，分布式平台都将与传统中介机构竞争投资资金（天使资金为主）。而多种融资方式可缩短融资阶段之间的平均时间，帮助新设立公司更快地发展。并且随着个人客户可选择的投资方式日趋多元化，传统理财产品的投资组合也将发生改变。

未来的资本市场有以下特点：

（1）易得性。投资者面临更多投资业务和项目机会。

（2）可控性。个人投资者将获得更多投资决策的控制权。

（3）有效性。投资机会须接受评估，资金最终投向收益前景较好的投资机会。

（4）灵活性。企业将有能力构造融资工具以更好地满足需求，吸引更多投资者。

（5）节约性。中介机构作用减小，个人投资者的投资成本不断下降。

潜在影响如下。

（1）基于同行业的融资平台将定位于高风险种子期公司的融资中介机构。

（2）融资网络资源更为丰富，涵盖后期风险资本融资和种子期公司融资机会。

（3）投资者或因非经济效益动机（可持续性或社会影响）对因回报率低而无法通过传统中介融资的机会进行投资。

（4）传统中介机构开始为种子期新创立公司提供资金及发展策略。

（5）大型公司基于同行业平台直接从客户处筹集资金；客户获得大型公司提供的非经济性奖励（如服务折扣），使其公司融资成本进一步降低，同时也可提供隐性营销，并增强客户的忠诚度。

5.2.4　投资理财：智能投顾

应用人工智能机器人提供投资理财咨询

财富管理方式更趋民主化，曾经成本高昂且劳动密集型的服务正在变成商品，科技正将金融服务扩展到传统富裕阶层以外的群体。代表机构如陆金所为企业或个人投资者提供综合金融资产交易信息及咨询相关服务。

人工智能机器人顾问成为现实。作为线上工具，机器人投资顾问可以自动分析客户财务状况并利用大数据分析提供量身定制的建议，还可以管理投资组合投资优质产品。一些机器人顾问只投资被动投资组合（如交易所交易基金），而且不允许客户修改投资策略。其他机器人顾问允许客户参与主动投资（如股票选择）并对投资组合调整以及其他服务收取适当服务费。如招商银行推出“摩羯智投”可提供投资理财咨询，2016 年户均购买金额达 3.69 万元。

社交平台兴起，供用户交流投资选项、策略和市场洞察。个人可构建投资组合与其他投资者分享。另一种平台如零售算法交易，使只有有限技术知识的投资者获得有效的投资算法并获益，只需从投资收益中分享部分利益给算法作者。例如，Quantopian 于 2011 年在波士顿成立，立志“激励全世界有才华的人写下他们的投资算法”。这其实意味着公司以网络社区平台为基础，向科学家、开发者、学生提供资源及基础框架，供他们合作并使用金融数据、教育工具、研究资料等。根据提交的上千种投资算法，Quantopian 根据风险、回报、潜力及其他因素评选出最佳方案。从其运行的最基本方式看，Quantopian 就像众包投资公司，算法作者允许平台使用他们工作中最有效的算法，并从设计投资算法中获得利益分成。

对于金融机构，这些趋势表明中产阶级市场被侵蚀。零售银行将面临竞争，新的市场进入者可提供门槛更低的理财产品，而在高净值市场中，个人理财规划师的作用更为重要。另外，零售银行可以自主提供自动化服务满足理财客户的大部分需求，但需要适应客户的投资偏好，因此理财经理可能需要修改价值主张以维持经营。

未来，咨询服务可能与产品相分离。客户转向了新兴、性价比更高的自动化顾问，通过自身咨询渠道出售的理财产品数量将变得更少。传统理财经理也将看到规模效益的优势减弱。越来越多的过程变成自动化，越来越多的客户使用虚拟渠道，而且新加入者会继续使用低成本基础架构。可预见未来传统理财经理收益减少，传统行业参与者在更专业领域或服务商的竞争加剧。

未来的财富管理有以下特点：

（1）易得性。自动化技术将复杂财富管理服务扩展至中产阶级及大众市场客户。

（2）透明性。客户将获得与其投资相关的更大可见性并更容易调整。

（3）便捷性。客户交互和服务需求将逐渐通过网络和移动渠道得以实现。

（4）个性化。中产阶级和大众市场客户将受益于更个性化的服务和建议。

（5）成本效益。财富资讯和管理服务成本随着新进入者竞争而降低。

潜在影响如下。

（1）最初用来迎合大众客户的线上工具和自动化服务瓜分了传统理财经理在中产阶级市场的部分份额；理财经理则回归为富人提供全程服务。

（2）自动化平台将成本高昂的理财服务产品化，降低了投资经理为富裕人士提供的价值。

（3）传统理财经理更倾向于提供定制服务，如金融礼宾服务和家族内财产转移服务。

（4）不具备技术知识或基础架构的个人投资者将可担任投资专家；

零售和社会交易平台成为个人共享或出售其投资专业知识，与传统投资经理直接竞争的有效途径。

5.2.5 保险应用：技术链接系统

应用物联网、区块链等技术构建互联互通

传感器、通信协议、高级分析方案、物联网正在推动着保险领域变革。第一，在汽车行业，轿车可配备操作系统，安装应用程序并连接至互联网，通过传感器可以远程收集车辆每个零件的信息；轿车甚至可以在相互之间进行沟通，防止交通事故发生，形成动态物联网生态系统，如滴滴打车平台将司机、车辆和乘客信息整合。第二，医疗保健领域也在发生变化。人们可通过穿戴式设备管理自己的日常活动，该设备可测量、追踪和分析具体的身体状况，医疗保健专家可发现规律并在现有数据的基础上提供建议。第三，连通性也改变了住宅。设备检测室内环境并根据指标进行改动，并可辨识需要采取预防措施的风险因素，如烟雾、触发警报和洒水装置。现在已经有技术可以链接所有这些系统。通过标准化平台串联，形成客户生活视图。设备通过网络连接轿车、客户和住宅，为我们带来远程信息处理的保险模型。

这种相互连通性有三种潜在可能。

（1）保险领域个性化。当政策和保费是高度个性化时，这种跨客户交叉补贴的商业模式将不再可行。

（2）投保风险的主动式管理。保险公司绕过经纪人和其他传统渠道，直接与客户交互，并且还需要客户参与并调整行为。

（3）保险公司将使用个人数据为客户提供更贴切的价值。这要求保险公司需更注重管理其与商户间的关系。

目前，保险公司主要将数据用作报告和降低风险的一种手段。但是获取这些新数据流的能力使得过去有优势的竞争力正在减弱。做出响应时，保险公司不仅需要收集并分析新发保单和续保时的数据，还需要收集整个保单期的数据。保险公司需要更加了解客户的财务状况和需求，

必须成为面向客户的风险顾问。所有这些变化并不容易，保险公司需要尽快变革，增强客户粘性，以更好地维护客户关系。

未来的保险领域有以下特点：

（1）个性化。定价基础为个人风险而非集群风险。

（2）精确性。交叉补贴将减少，更多客户支付适用他们个人风险的保费。

（3）透明性。随着保险公司对索赔事件环境的可见性不断增大，欺诈事件发生率相对降低。

（4）数据丰富（data-rich）。保险公司将变成行为数据（如车辆运行）、历史数据和静态数据（如拥有车辆类型）的托管人。

潜在影响如下。

（1）保险公司使用互联设备并不断用经验数据完善风险预测，使个人风险承保更准确。

（2）客户使用互联设备购买基于事件的保障，个性化保单能提供更好的保障。

（3）互联设备帮助保险公司与客户更频繁互动并积极主动地管理其客户风险（如在穿戴式设备手机的数据基础上提供健康咨询）。

（4）保险公司发展成风险管理者，为客户减少损失并提供更多的价值。

（5）互联设备允许保险公司持续收集行为数据，以便对客户身份和生活方式有更全面的了解。

5.3 区块链变革即将来临

虽然 DLT 和区块链应用仍在讨论中，相关标准和监管框架尚需完善。但我们仍可探讨相关应用情景以更好地理解区块链技术，为即将来临的颠覆性革命做好准备。以下我们归纳了潜在的九个应用场景案例，尽管这些案例反映了 DLT 和区块链在不同领域的应用，但它们有着共同的基本特征。

（1）都拥有一个共享存储库及编辑存储库的多个作者。

（2）都从价值链中去除一个或多个中介机构。

（3）都通过编程方式而非中央机构实现信任。

这些基本特征带来的机遇正是 DLT 和区块链带来的最大益处，为传统金融服务带来了激动人心的大变革。

5.3.1 全球支付

使用 DLT 进行国际转账可实现低费用、实时结算、应用最新监管模式

全球支付（跨国转账）费用很高，2016 年第二季度平均汇款费用达到汇款金额的 7.6%①，在汇款过程中，银行需要收集交易各方信息并进行验证，因此有大量烦琐且重复的工作，并且汇款涉及的所有机构都需要留存相关人员监管文件。

使用 DLT 只需汇款人电子身份资料足以供银行及转账机构验证。包含汇款信息的智能合约直接将款项发送至收款人机构，并通知相关监管部门。同时，分布式账本上的流动资金提供者负责货币兑换，一经完成监管机构可直接从账本查看交易历史并审查。因此 DLT 可省去大量人工并降低小额付款手续费。欧洲和北美零售业及批发银行正在实施相关计划，但制定适合不同管辖范围和不同交易的标准、法规及法律框架是一项浩大的工程，需要企业、监管机构之间大量合作。

全球支付的未来有如下特点：

（1）无腐败。DLT 上存储的电子资料将验证汇款人及收款人。

（2）流动性。使用智能合约，参与者将视需要将法定货币转换为相关外汇。

（3）及时高效。跨境支付实时完成。

（4）节省成本。参与者较少，改善成本产生价值。

（5）监管可见。监管可根据需要进入账本查看交易历史。

① 世界汇款价格. 世界银行. 2016 年 6 月.

5.3.2 保险索偿

通过历史索偿信息减少欺诈和加强评估

索偿和损失处理流程是财险市场的重要流程，2016 年，索赔和损失处理金额占保险公司合同保费总额（收益）的 11%[①]。为获得索赔，投保人须完成一套复杂答卷，并提供损失产生的所有费用实质收据交予保险代理人进行评估，有时会出现拖延。而保险公司在审理及承保环节中完全依赖第三方提供的资产、风险及损失数据进行评估，而这些评估资料不会在保险公司之间共享，可能存在欺诈风险，并且重复的人为工作增加了成本。

使用 DLT 可通过智能合约甚至智能资产简化索偿提交程序，不再需要保险代理人介入，缩短了处理周期。智能合约中的商业规则使理赔专员无须再审查每项索偿，同时分布式账本中的历史索偿和资产来源记录可更加容易辨识可疑行为。该技术还能用于可信赖数据的整合，减少人工审查的需要。每项付款均使用智能合约自动缴付，完全脱离后台干涉。

财产及意外伤害索偿处理之未来有以下特点：

（1）便利客户。智能合约和智能资产将淘汰人工提交索偿程序。

（2）直接。DLT 将共享保险公司之间的损失信息，淘汰对经纪商的需求。

（3）实用。理赔专员不再需要审查每项索偿，特定风险情况下除外。

（4）简洁。保险公司无缝获取历史索偿和资产来源，更容易发现可疑行为。

（5）综合。DLT 将自动合并来自可信赖供应商的数据。

（6）快速。多数情况下，智能合约协助付款，无须后台干涉。

---

① *ISO Verisk Analytics*，2016 年。

5.3.3 银团贷款

使金融机构更方便、安全地参与银团贷款并获得丰厚利润

银团贷款是金融机构对单一对象提供大额资金时进行风险分散的一种方式，其金额通常十分巨大，2015 年美国、EMEA（欧洲、中东和非洲）及除日本外的亚太地区银团贷款金额分别为 1.8 万亿美元、1.1 万亿欧元和 450.1 亿美元①。银团贷款涉及多方，后台运行复杂，需要大量人力从多方资源中采集和审核信息选择银团成员及审查合格借款人，业务处理延迟和中介机构参与使成本不断增加，因此银团贷款市场仅向有限参与者开放。

DLT 的记录保持功能则可以简化很多流程。账户管理人可使用借款人的电子身份完成 KYC 工作，且利用投资者电子身份识别合格投资者。智能合约可以监察、自动审查信贷发放，并完成放款、还款及相关贷款管理工作，而监督机构可全程进行实时监控。总之，DLT 可替代银团贷款的人工操作，还可避免可能的操作风险。

银团贷款之未来有以下特点：

（1）快捷。智能合约自动组成银团，核实财务信息并完成结算，减少时间成本。

（2）简短。分布式账本和智能合约减少了对第三方中介机构的需求。

（3）整合。尽职调查系统直接与贷款审批/管理系统交互相关财务信息。

（4）可控。监管机构在银团贷款期限内实施关注财务详情。

（5）安全。DLT 自动支出本金和利息，降低操作风险。

① 全球联合贷款排名表，2015 年。

5.3.4 贸易融资

简化流程，提升资本利用率、结算速度和进出口效率

融资是全球贸易持续发展的根本，但贸易金融市场仍有很多改进机会。进口银行需审查进口商融资协议，之后将融资款项交予代理银行。出口银行需使用进口银行融资款项进行反洗钱检查并使用发票获得其他银行的短期融资，烦琐的审查流程导致付款延迟，延长了货运时间。

假设将DLT应用于贸易融资流程，买卖双方购买协议可编辑为智能合约，自动执行协议条款。分布式账本上的文件可使各方均能对信用审查进行调查，还能检查反洗钱、追求货物位置及查询货物所有权。银行无须中介机构承担风险，合规主管可以更快地执行反洗钱和海关活动。并且，智能合约编码协议还能将贸易责任和保理进行证券化。

部分贸易金融DLT应用仍处于概念验证阶段，新闻报道也指出全球银行将会与创新者合伙试行，如将电子发票和信用证封装入智能合约。现有机构应积极把握趋势和机会。

贸易融资之未来有以下特点：

（1）加速。融资文件即时审批缩短付运时间。

（2）非中介化。免除代理行需求，贸易金融不再需要中介机构承担风险或执行合同。

（3）分散化。DLT列示合同条款满足情况，减少监督货物运输所需时间和人数。

（4）可追踪。分布式账本提供的标题和提单列示货物位置和所有权。

（5）可见。对发票和其他基础文件的实时检查有助于短期融资、执行和反洗钱。

5.3.5 或有可转债

智能合约使监管申报自动化，减少市场波动，提升投资者信心

或有可转债实为混合型证券，综合了股本和债券的特点，如同普通债券，投资者可在本金偿还前利用或有可转换债券赚取股息。但一旦越过预先设定的门槛，如银行资本充足率跌至7.5%，债券转为股份，发行人需承担余下息票并偿还证券。虽然这种投资方式充满吸引力，但市场及金融工具波动性很大，并且对银行资本比率变化预期缺乏洞察。

DLT可将触发细则嵌入流程解决这些问题，即银行发行或有可转换债券时，建立一种含有贷款吸纳触发、开证行、票面利率及到期日等信息的代币。银行更新资本比率的结果自动成为投资者和监管机构审查的代币化记录的一部分。

至今对于或有可转换债券的区块链应用的讨论还不多，因为其重心和益处表现在提升市场稳定性方面。然而更大透明度、更少申报成本和更有效的程序在市场中仍然令人充满期待。

或有可转换债券之未来有如下特点：

（1）易取得。DLT提供最新资本比率信息，将提升投资者信心。

（2）稳定。银行计算资本比率并运用于DLT方式的标准将提高。

（3）即时。智能合约将或有可转换债的触发即时通知监管。

（4）反应快。一旦触发条件符合，投资者可更快索偿权益。

5.3.6 自动化合规

通过DLT向审计师提供财务信息，降低申报成本并增加财务信息可信度

银行合规要求显著增加其成本，部分机构一年合规成本高达40亿美元，而且多数为人力支出，其中最耗费的为审计。

在区块链应用下，审计师使用DLT获得所需资料进行审计，银行人员无须收集数据或处理人为错误。完成报告后，审计师将资料储存于分布式账本上，供银行主管和监管机构审查。最终，智能合约将资料从报告中转移到相关财务报告工具，简化了无效流程。

现有机构已经开始开发以 DLT 为基准的合规应用，包括定期审计、反洗钱/客户身份识别、自动化报税、证券交易合规管理、资本评估审核、可疑交易申报等。这些均能有效淘汰劳动密集型程序，还能增强组织机构对财务健康状况的信心。

自动化合规之未来有以下特点：

（1）透明。储存在金融系统的数据稳定不变、易得且实时更新。

（2）节省人力、物力。自动化大大缩短执行审计所需时间并节省资源。

（3）可靠。获得许可财务数据后，审计团队拥有简化程序避免人为错误。

（4）有效。DLT 申报将减少重复劳动，更易编制和备案财务报表。

5.3.7 代理投票

提高小额投资者参与度，实现验票自动化及个性分析

代理投票使投资者即使无法出席股东大会也能对公司发展方向拥有表决权。然而，机构投资者以外的零散小额投资者通常投票率较低，将使积极投资者权力失衡。在使用委托书的情况下，也存在委托书篇幅过长、需要认真审查以及分派委托书费用高昂等问题。

DLT 通过简化投票过程，可提高投票人参与度，特别是零散投资者的参与度。购买某公司股票的交易会自动录入分布式账本，一旦公司完成委托书，智能合约就通知记名股东及监管人士。股东投票（通过邮件、线上或现场投票方式）作为标记资产出现在总账上，另一份智能合约将投票数与记名股东配对，确定其合法性。公司及投资者监督计票结果。

金融机构与其他利益相关者在开发用于代理的 DLT 应用方面有共同利益。投资者更易获取及分析委托书，从中获益；而交易所也将获利于更为开放、真实和参与度高的市场。

代理投票之未来有以下特点：

（1）直接。投资记录储存于分布式账本将免去通知监管人员及分派委托书的工作。

（2）无纸化。印刷邮寄委托书成本下降。

（3）可靠。智能合约能够保证行使表决时投票与股权相一致。

（4）易用。投资者获取委托书及投票方式更加多样化。

（5）即时。企业级投票人根据需求获取实时投票数据。

（6）先进。不断发展的 DLT 应用能使投资者进行个人化自动分析。

5.3.8　资产再抵押

通过追踪资产及实时执行监管限制，消除二手交易市场的风险

资产再抵押即二手交易，是金融机构用借款人的抵押品支付其自身交易的做法。再抵押降低了借款成本，但难以控制，因为资产多次再抵押使得实际资产所有人易混淆，相应增加交易风险且难以确定再抵押资产价值。如果任何交易方违约，就会影响整个交易链，对金融系统造成意外影响。

DLT 可形成资产交易历史的不可变记录，大幅降低再抵押资产的风险。代币代表抵押品，交易资产时，智能合约发送合约细节（抵押品价值、交易方身份等），监管人员实时监督每笔交易。若资产触碰监管再抵押限制会即时中止。

DLT 可应用于黄金市场、回购市场中的资产再抵押，以及交易对手评级系统、资产交易系统、监管解决方案及智能合约执行平台。这些系统/平台之间相互配合可稳定金融市场秩序以促进其繁荣发展。

资产再抵押之前景如下：

（1）记录在案。投资者容易获得抵押品价值、风险仓位及所有权历史信息。

（2）已评估。根据交易历史评估对手方，帮助投资者规避风险。

(3) 自动化。记录、汇报以及资金流动情况无人工干预。

(4) 有序。智能合约可控制资产再抵押不超过监管限制。

(5) 稳定。有效监管和透明度提升，降低因违约导致的系统风险。

5.3.9 股权交易交割

无须中介机构进行快速结算，降低交易对手和操作风险

股权交易交割流程帮助买卖双方交易，变更所有权记录及完成资产或证券交易。交易交割流程自交易所确定交易发生后开始。中央证券托管系统与托管银行合作，核对交易并验证交易双方身份。若无问题，中央清算所执行净价交易，将现金及证券转移至托管人，资产存储于托管人账户妥善保管。

不同证券交易市场完成上述一项交易程序需要一至三天，而一个证券交易所如纽约证交所每天需要处理数万笔交易。因此，完成交易所需时间、对高昂中介机构的依赖以及烦琐的监管合规要求，使得股权交易程序对现有机构而言成为一笔巨大的投资。美国金融服务行业每年花在股权交易程序上的金额达 90 万亿美元[①]。

DLT 应用能够取代如今许多中介机构缓解以上问题。一旦交易所确认一项交易，代表投资者的托管银行可立即将相关交易详细资料上传至分布式账簿。智能合约验证上传的信息并与交易其他各方匹配，另一项智能合约执行净价交易，其他智能合约在适当托管人之间同步转移现金及股权，并在账簿中确认记录。交易资产存储及保管完成后，智能合约开启各项服务程序，实时通知托管人与投资者。

DLT 无疑可大幅缩减成本。众多机构也在尝试开发交易后流程解决方案，这也是 DLT 运用最频繁的领域之一，我们可以期待快捷结算将节约大量成本，或可超过投资交易的结算收益。

股权交易交割的前景如下特点。

---

① 通往交易后效用之路 . *Tim Gokey*, *Banking Technology*. 2015 年 10 月 .

（1）快捷。类似公共数据区域的自动化与高效率，同日结算成为现实。

（2）经审查。自动认证将增强托管人对对手方支付能力的信心。

（3）简单。不再需要证券结算系统，托管人对如何存储资产拥有更多发言权。

（4）获授权。智能合约开启服务活动不再需要第三方中介机构。

（5）流畅。智能合约转移股权和现金降低人为失误。

5.4 金融科技案例实践

5.4.1 案例：宜人贷网络借贷平台

宜人贷是宜信公司于2012年推出的个人对个人网络借贷服务平台，通过科技驱动金融创新，为中国城市白领人群提供高效、便捷、个性化的信用借款咨询服务，并通过宜人理财提供安全、专业的财富管理咨询服务。宜人贷为有资金需求的借款人和有理财需求的出借人搭建了一个网络互动平台。个人借款人在网上发布借款请求，通过信用评估后，获得出借人的信用借款资金支持，用于改变自己的生活，实现信用的价值；而个人出借人获得经济收益。2015年12月18日，宜人贷在美国纽约证券交易所成功上市，成为中国金融科技第一股。截至2017年3月31日，宜人贷累计服务了超过60万借款用户，近120万出借用户，累计促成借款总额达393亿元人民币。①

根据宜人贷最新发布的2017年第一季度财务报告，1月至3月，宜人贷为124953位合格借款人促成借款总额69.23亿元人民币，较2016年同期增长101%；69%的借款人通过线上渠道获取；借款总额的51%通过线上渠道促成，线上渠道促成金额的99.8%通过宜人贷借款APP完成。为192505位出借人完成71.5亿元人民币的资金出借。出借行为

① 宜人贷网站信息.

100%通过公司的线上平台完成，其中89.1%通过手机APP完成。

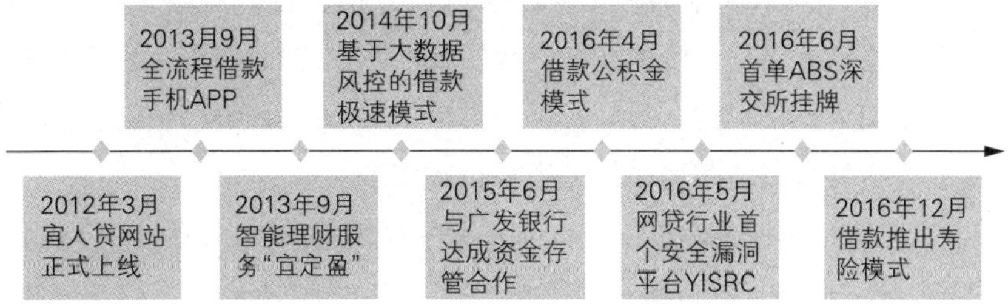

图5－6 宜人贷业务平台发展的关键事件

资料来源：公开信息，德勤研究。

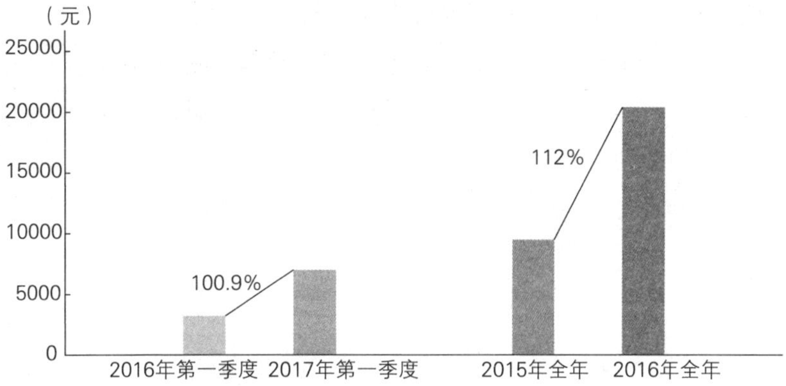

图5－7 宜人贷促成借款金额及其增长情况

资料来源：宜人贷，德勤研究。

针对城市白领出借人群和普通借款人群，宜人贷提供两大类个性化产品。

我要出借——宜定盈

宜定盈是固定期限类出借服务，100元即可参加出借，并且债权转让方便灵活。出借人通过宜定盈服务将资金出借给宜人贷平台上的工薪精英用户，采用智能投标、循环出借的方式，提高资金的流动率和利用率，从而增加实际回报。

（1）对应借款人。主要为城市白领等人群、该人群有较高的教育背景、稳定的经济收入及良好的信用意识。

（2）质保专款保障。在安全性和风控方面，宜人贷实行第三方资金托管，投资者可以清楚地知道资金的流向及用途，不用担心资金被平台非法挪用为其他用途。另外，平台对借款方和担保公司的信息都是公开的，投资者可以清楚地了解各个项目的细节。

（3）投资周期不断加长。目前平台年化收益率11%的产品周期高达34个月，适合十分有耐心的投资者。

我要借款——四种模式

宜人贷使用大数据分析客户信用信息完成贷款审批，以公积金模式、精英模式、极速模式和寿险模式向借款人提供借款。

（1）公积金模式。凭公积金申请借款，操作金额高达20万元。

（2）精英模式。凭工资流水申请借款，可借金额高达20万元。

（3）极速模式。凭信用卡申请借款，10分钟轻松借10万元。

（4）寿险模式。凭寿险保单即可申请，大额度借款优先选。

图5-8 宜人贷主要业务和产品

资料来源：宜人贷，德勤研究。

宜人贷的金融生态圈是一个中心式生态系统，宜人贷是组织者，参与者包括出借人、借款人和银行，彼此之间几乎不会直接发生关系，而是与宜人贷平台进行交互。宜人贷作为生态系统的中心，提供在线金融平台，协调并聚合出借人的资金到此平台上，同时匹配合格的城市白领借款人（具有良好教育背景、稳定收入和信用意识）。通过“宜定盈”

帮助出借人获得投资收益，同时帮助有资金需求的借款人迅速获得所需要的贷款。银行是资金托管方，可以为出借人提供资金安全保障。宜人贷每月定期在网站上公布质保服务专款存管报告①。

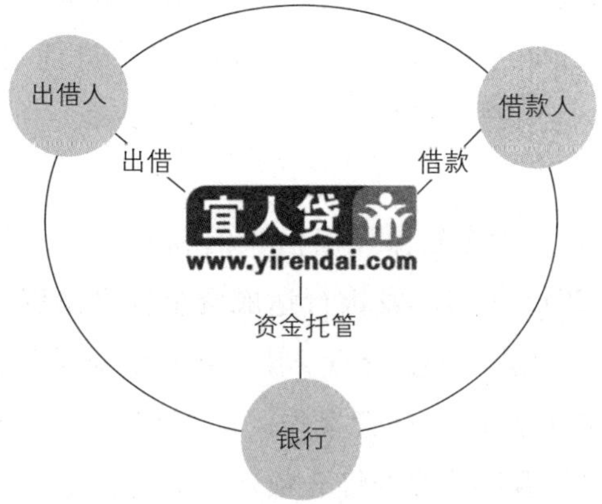

图5-9　宜人贷的中心式生态系统

资料来源：德勤研究。

宜人贷不断完善自身平台建设和风险管控，加强出借人、借款人及银行对宜人贷平台的信任，自2012年正式上线以来，其迅速聚合了大批出借人和借款人客户，帮助客户达成理财或借贷的意愿，并不断沉淀大量资金托管于银行，从而使出借人、借款人和银行不断获得越来越多的效益。宜人贷竞争优势的提升，具体体现在以下几个方面。

（1）标准化的产品和服务。通过宜定盈及消费贷以及使用不同类型借款人的借款方式，可以满足各类消费人群的需求，形成规模效应，短短5年间迅速发展促成借款总额393亿元人民币。大量资金沉淀也帮助托管银行吸纳了更多存款。

（2）低门槛聚集大量优质白领客群。相对于传统银行，宜人贷平台的门槛要低很多，其目标客群涵盖了那些想要很快获得小额借贷和灵活理财服务的人群，主要为具有稳定收入的城市白领，这些客户拥有一定的教育背景和较好的信用意识。出借和借款产品具有周期灵活、在线

① 宜人贷网站.

易操作的特点，并通过广发银行托管资金，且配备了网贷行业最高水平的防火墙保障平台安全，从各方面免除参与者的后顾之忧，使访问客户不断增多。

（3）大数据积累和应用。随着平台用户和资金沉淀的不断增加，客户数据不断丰富，客户画像更加清晰，进而可以更好地运用大数据分析客户信用并自动完成业务流程（审批、放款等）形成良性循环。

（4）风险管控。为充分保障出借人的利益，使平台信息更加公开透明，宜人贷于 2015 年与广发银行达成资金托管协议，在广发银行开立质保服务专款专户进行资金存管。广发银行针对质保服务专款专户资金的实际进出情况每月出具存管报告。自 2015 年 2 月 1 日起，宜人贷于每月 10 日前（如遇特殊假期将会顺延）公布截至上月底的质保服务专款余额情况，并提供银行的资金存管报告，供用户查阅。

（5）投资理财便捷灵活、收益稳定。目前平台年化收益率 5% ~ 11%不等，产品周期 1 ~ 34 个月不等，最低 100 元即可出借，约定到期自动赎回，也可进行债权转让，十分便捷灵活。对出借人形成了一定激励。

5.4.2 案例：乐信分期乐消费金融

乐信集团是目前国内领先的互联网消费金融服务品牌，其前身是年轻人互联网消费金融品牌分期乐，分期乐成立于 2013 年 8 月，于 2016 年正式升级为乐信集团。当前，乐信集团旗下业务包括：分期购物平台分期乐商城、互联网理财品牌桔子理财、金融资产开放平台鼎盛资产和个人小额信贷服务平台提钱乐四大业务板块。乐信集团打造了集电商消费、大数据风险管理、资产管理、金融合作、互联网理财于一体的互联网消费金融生态，实现了对中国高成长、信用卡持卡人群的全面覆盖。截至 2016 年底，集团总服务用户已超过 1500 万，是国内领先的互联网消费金融集团。自 2013 年获得天使轮投资创立以来，分期乐不断受到各路资本的青睐，先后获得了多轮风险投资，总金额逾 3 亿美元。

表5－1　分期乐融资情况

时间	投资方	金额
2013年8月	险峰长青（原险峰华兴）天使轮融资	/
2014年3月	经纬中国领投的A轮融资	千万美元
2014年12月	DST领投、贝塔斯曼等跟投的B轮融资	1亿美元
2015年3月	京东C轮战略投资	/
2016年6月	华晟资本等领投的D轮融资	首笔融资2.35亿美元

资料来源：分期乐官方网站，公开信息，德勤研究。

（1）分期乐购物商城。成立于2013年8月，是提供分期购物的网上商城，为消费者提供在线购物消费信贷。分期乐商城凭借大数据风险评估体系，为用户提供分期购物消费；同时向工商银行、招商银行等数十家银行信用卡持卡用户开放分期购物，帮助信用卡持卡群体完成分期消费。2015年，分期乐获得互联网金融创新第一季度五大新秀奖，名列《中国企业家》“21世纪未来之星”萌芽榜第1名。分期乐最早从校园起步，相继打造了3C数码、运动户外、洗护美妆、教育培训等多个消费金融场景。2016年4月，分期乐全面开放白领人群服务。目前，平台注册用户突破1200万，横跨校园、白领、蓝领等主流消费人群。2016年1月，“嘉实资本—分期乐1号资产支持专项计划资产支持证券”在上海证券交易所完成资产交割，分期乐成为国内创业公司中最早成功发行标准ABS的公司。目前，分期乐已经与工商银行、招商银行等信用卡合作全面开放信用卡分期。

（2）提钱乐商城。2015年底上线运营，是乐信旗下面向5亿普惠人群提供互联网消费金融的子品牌。2016年7月，提钱乐单月销售额已突破1亿元人民币。

（3）桔子理财。成立于2014年6月，主打真实、小微、安全的互联网理财，债权主要来自乐信旗下的分期乐和提钱乐，为用户提供年化收益率5%～11%的理财产品。2016年，桔子理财已与一家全国性商业银行签署资金存管合作协议。截至2016年10月，桔子理财注册人数突破130万，累计为用户赚取收益10亿元。

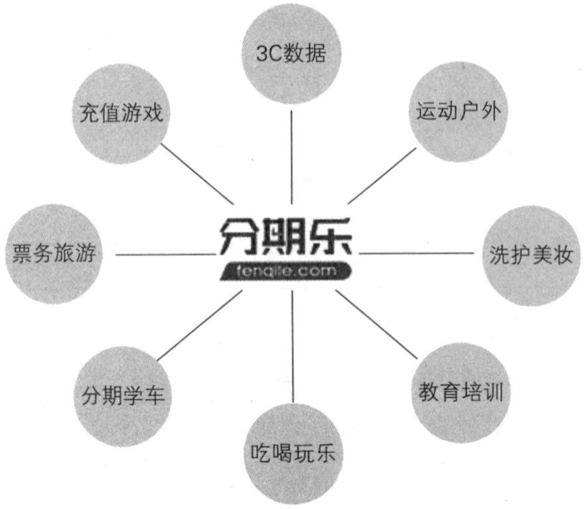

图5－10　分期乐购物商城覆盖多个消费场景

资料来源：分期乐，德勤研究。

（4）鼎盛资产。成立于2016年2月，是乐信旗下为合作方及用户提供资产管理、风险评级、财务顾问、技术顾问等服务的资产管理公司。鼎盛资产基于处理乐信海量小微分散金融资产的实践经验和技术，进行风险定价和现金流诊断增信管理。

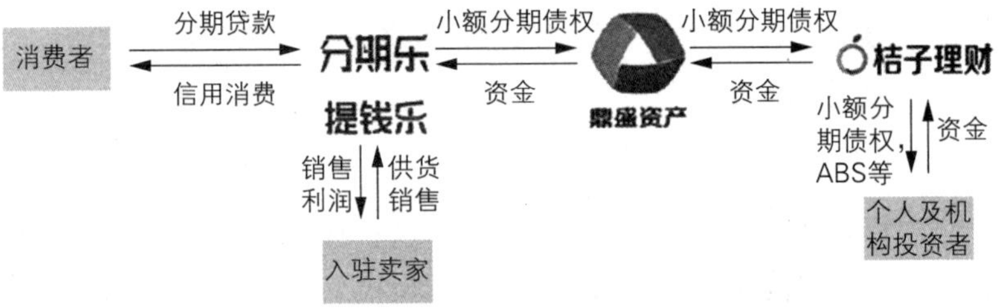

图5－11　乐信集团的消费金融生态

资料来源：分期乐，德勤研究。

乐信集团的消费金融生态以普惠金融线上理财聚集资金、通过开放的资产平台鼎盛资产进行整合，聚合大量资金用于支持分期乐和提钱乐平台，向消费者提供消费金融贷款。消费者通过分期乐购物商城购物并向其申请分期消费贷款，形成的小额分期债权又进一步整合。通过鼎盛资产平台进行债权资产交易及管理，以及通过桔子理财提供投资咨询服务。

因此，通过桔子理财、鼎盛资产及提钱乐平台的相互协同，分期乐在线分期购物商城形成了一个小型的序列式生态系统。分期乐购物商城平台作为一个中心指挥者，聚合大量卖家入驻到平台中销售商品，并通过分期购物吸引消费者到平台商城进行购物，使客户以低成本分期消费的形式获得满意的商品，为商家增加销量，显著提升了各自的商业效能。另外，桔子理财平台吸引外部的普通投资者在平台上进行投资理财，聚集的大量资金又反哺至分期乐平台，用于提供消费金融分期付款资金。越来越多的商家入驻和客户分期消费，使平台迅速积累起大量客户资源和消费流量，平台不断发展壮大得到更多资本的青睐，吸引各投资者多轮大额的资本投入，这些资金又进一步帮助分期乐完善平台建设，包括客户数据积累、大数据风险分析、客户信用分析等。

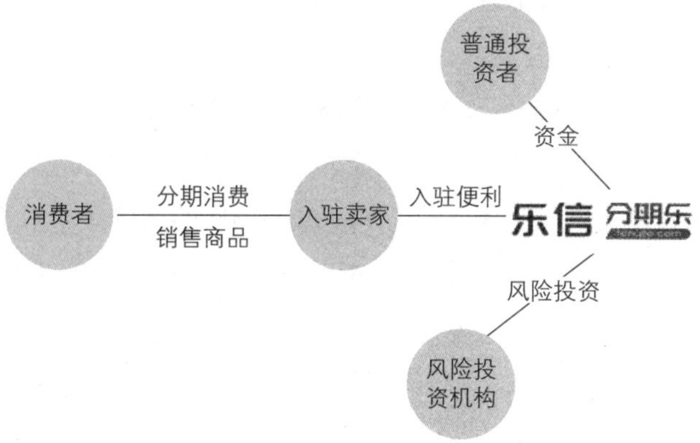

图5－12　分期乐的序列式生态系统

资料来源：分期乐，德勤研究。

分期乐的生态圈中，分期乐作为组织者，定义消费者与商家的活动模式，即通过统一标准化的分期乐平台商城进行交互，通过以下几个方面提升平台竞争优势：

（1）集团各业务板块协同发展形成合力，吸纳客户。分期乐为桔子理财提供源源不断的债权产品，桔子理财为小额债权的资金提供方提供年化收益率5%～11%的理财产品，大量资金沉淀反哺至分期乐平台，更好地为消费者提供分期消费贷。自2014年创立至2016年10月，桔子理财注册人数突破130万，累计为用户赚取收益10亿元。乐信集团各业务板块分期乐、提钱乐、桔子理财、鼎盛资产实现整体协调发展。

（2）低门槛覆盖学生和白领、蓝领人群。相比于普通的网上购物，分期乐平台的门槛要低很多，其目标客群涵盖校园学生、白领和蓝领人群，覆盖了大部分主力消费者客群。并向工商银行、招商银行等数十家银行信用卡持卡用户开放分期购物，服务信用消费人群。

（3）风险管控提供消费保障。由参与者导向的资金需求驱使，分期乐作为中心组织者，只需要不断更新和完善自身平台建设，吸引更多优质商家提供低价正品，做好相应的销售服务、网络漏洞安全防范以及内部风险管控，辅以多样化的金融产品，就可以吸引更多消费者在平台商城进行购物，以及更多投资者进行理财形成大量资金沉淀反哺至消费金融平台。

（4）为B端商家提供便利。①3000万年轻人购买力：分期消费零负担，释放出较强的网购意愿，为商家带来更多销售流量；②线下资源丰富：分期乐以服务校园起家，全年有100多场次的高校嘉年华活动，可以帮助商家打造高价值校园品牌，以帮助商家市场推广，带来更多销售机会；③365天不中断服务：经过多轮融资，聚集了大量资本可用于不断升级和维护其运营平台商城，为商家和消费者提供安全稳定及简单易用的服务；④平台倾斜政策：海量流量导入＋超低服务费，推动销售业绩指数级增长。

（5）为C端消费者提供购物便利。①低价正品保障。京东供货，7天包退，15天包换。与苹果、宝洁、OPPO、VIVO、美的等众多知名品牌建立官方合作。②免息分期便利。正品低价，分期再享免息。

（6）生活娱乐全覆盖有助于客户行为数据积累，覆盖线上、线下全消费场景，提供话费/游戏充值、票务旅游、教育培训等服务。客户流量可以使分期乐不断积累大量丰富的客户消费行为及信用相关的数据，从而进一步应用大数据，进行分期贷款审批和放款等。

5.4.3 案例：360借条消费信贷

2016年9月，以“手机加速、骚扰拦截”著称的360手机卫士推出了新的金融服务——“360借条”。360借条为360金融集团旗下的首款个人消费信贷产品，借助互联网安全技术和大数据技术建立用户画像，接入央行征信系统，通过大数据授予每位用户相应的贷款额度。

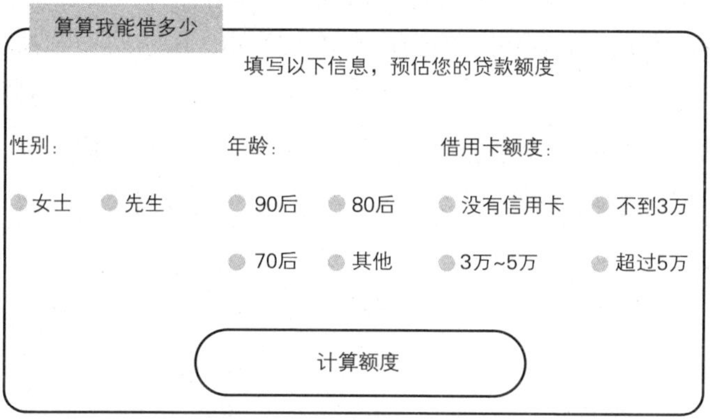

图5－13 预估借款额度

资料来源：360借条。

额度最高20万元，最快1分钟放款

360借条目前授信额度在500元到20万元之间不等，用户可通过进入360手机卫士主界面下方的“安心服务”，找到借条入口。整个流程只要准备手机、银行卡、身份证、“刷脸”认证，无须烦琐的财产或工作证明，按照系统提示，从提出申请到审核放款最快只需1分钟。

人脸识别是审核过程中的一大亮点，用户只需将脸置于框内，根据语音提示就可完成“刷脸”步骤，再将身份证的正反面进行拍照，就可完成借款人身份证信息验证。

日利率最低0.03%，随借随还不收手续费

在利率方面，360借条采取按日计息的方式，日息最低0.03%，即借款1000元，1天利息0.3元，折合年利率约为10.8%。借款期限可选择3/6/12个月，月息会归除已还部分逐月递减。而市面上常见的信用卡取现，除收取取款金额的1%外，还将按日利率0.05%收取利息，折合年利率高达约18%。支持提前还款，提前还款无手续费，并且额度可以循环使用。

大数据授信放款效率业内领先

在授信方式上，360借条应用了360公司的互联网安全技术和大数据技术，建立用户画像，并接入央行征信系统，根据用户的信用风险、支付习惯、消费情况等综合考虑，授予贷款额度。整个服务完全依托于互联网，不再需要调查信用、上门担保，一方面提高了放款效率，另一方面也大大提升了用户体验。

作为360金融的消费贷款业务平台，360借条还向金融机构开放，合作机构可通过平台拓展个人信贷业务，双方可共同为用户提供现金消费信贷服务。据了解，目前已有多家银行及消费金融公司与360金融进行了联合征信方面的业务接触。在“资产荒”的背景下，争相布局消费金融已成定势，在这样的竞争环境下，用户也将享受到更加个性化的金融服务。

5.4.4 案例：太一云科技区块链

太一云科技是国内首家区块链技术研发和应用领域的新三板上市公司，是国内区块链领域的领军企业之一。太一团队于2014年起投入研究区块链，旨在为各个行业互联网应用层提供稳定的区块链基础设施、便捷的中间工具和可靠的解决方案。目前已经成功构建了自主知识产权的太一区块链应用体系，太一区块链系统已承载接近60万～70万笔交易。

作为行业领军企业，太一云科技还携手中国区块链应用研究中心、亚洲区块链基金会、中关村区块链产业联盟、国家版权交易中心联盟、国际文化金融交易所联盟、前海国际区块链生态圈联盟、亚洲DACA数字资产协会等多个行业联盟和协会，联合推进区块链在中国社会治理、应用安全、技术标准、技术设施建设等方面的应用和落地，同时与IBM中国实验室、亚洲区块链基金会等多家区块链行业单位联合发起了可信区块链联盟Creditledger，促进中国可信区块链生态圈发展。

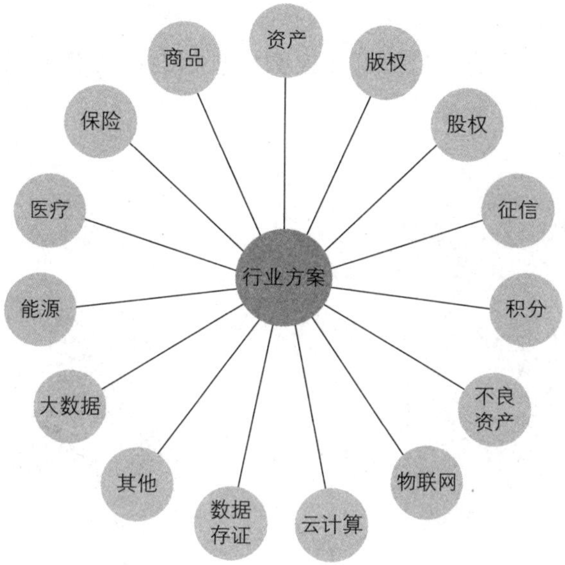

图5－14　太一云行业/联盟链服务

资料来源：太一云科技，德勤研究。

太一云科技针对不同行业，提供差异化、定制化的区块链解决方案。我们可以发现太一云科技所服务的行业场景十分丰富，特别是在金融领域，与前文我们归纳的九类金融行业应用案例相对照，已经形成了落地的应用方案，如资产、股权、征信、不良资产、物联网、保险、大数据，等等。接下来我们以股权、大数据区块链解决方案为例进行说明。

区块链股权解决方案

实现了区块链股权登记、转让、查询、质押、融资等功能，具备以下优势：

(1) 效率。传统工商登记变更在15～20日以上，区块链股权转让可以快速完成。

(2) 安全。解决代持的合规问题。

(3) 便利。通过手机APP即可以召开股东会、董事会进行表决，快速融资多家企业。

(4) 公信。所有交易信息和披露信息都在区块链上记载查询，记录永不消失，不可更改。

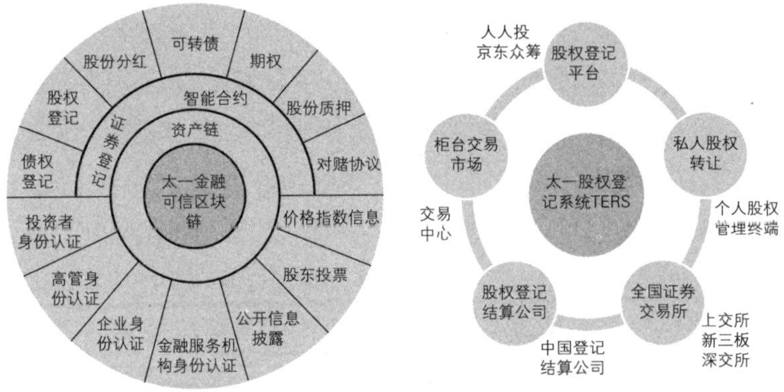

图5－15 区块链股权解决方案架构及应用场景

资料来源：太一云科技，德勤研究。

区块链大数据解决方案

互联网金融大数据中心引入区块链技术机构之间的资产撮合服务，由于区块链具有可溯源及公开的特性，信息安全真实可靠，并为监管机构提供接口，为其“穿透式”监管提供了便利条件。

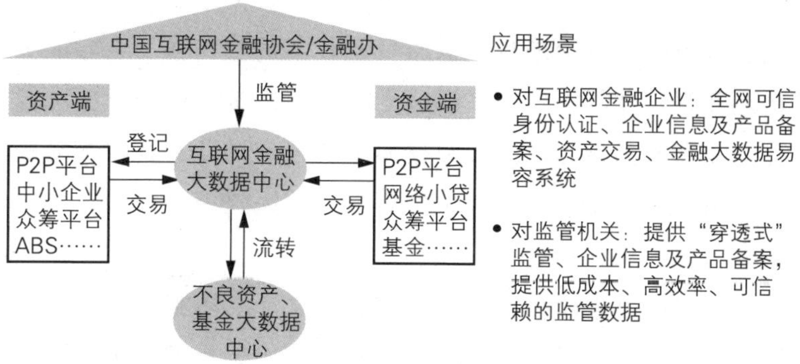

图5－16　区块链大数据应用架构

资料来源：太一云科技，德勤研究。

5.5　开放型金融新生态

未来金融生态圈将围绕消费者需求形成整合的动态生态系统，其中参与者包括传统金融机构（银行、保险、投资公司等）、各类金融科技公司（如蚂蚁金服、陆金所、京东金融等）、第三方平台（如滴滴出行）及各类消费者客群，这些参与者在技术和业务领域进行广泛合作，或创立新的业务部门，或共同开拓新的市场，提升各自的商业效能，并最终惠及更广泛的客群。金融科技大未来将呈现出以下几个趋势。

5.5.1　消费场景化

生活消费场景化，客户流量和数据成为金融服务的重要资产

通过科技应用，金融科技将充分基于惠及大众的服务内涵，与更广泛的生活消费场景建立联系，通过多个触点建立起全景化的生活消费视图。通过服务更大范围的客户群体，覆盖衣、食、住、行、娱乐、医疗、教育等生活场景，通过多维度数据积累可完善客户画像，其流量和数据成为金融服务业的核心价值。

例如，银行纷纷推出“掌上生活”等手机端应用程序，覆盖客户衣、食、住、行线上消费场景，构建以消费信贷为核心的消费金融生态，消费者可以在其中进行生活缴费、日常消费和移动金融服务，如订餐优惠和娱乐休闲消费等。通过零售客户标签，可进行精准营销及个性化产品和服务推荐，实现数据驱动的客户经营。客户交易引入基于设备、位置、关系、行为和偏好等大数据风险识别模型，可对客户异常交易行为及欺诈行为进行预警。

又如阿里巴巴集团在金融、社交、文化、生活服务等用户场景进行全面布局，正是基于大数据价值诉求。其中，蚂蚁金服旗下独立的第三方征信机构芝麻信用，通过云计算、机器学习等技术客观呈现个人的信用状况，已经在信用卡、消费金融、融资租赁、酒店、租房、出行、婚恋、分类信息、学生服务、公共事业服务等上百个场景为用户、商户提供信用服务；而腾讯微众银行面向微信用户和手机 QQ 用户推出的纯线上个人小额信用循环消费贷款产品“微粒贷”也是基于社交软件大数据建立其风控体系，进而应用于互联网小额信贷的审批和发放；又如保险公司则将大数据技术运用于产品设计、自动理赔、市场定位、风险管理等全过程。

表5－2　阿里巴巴在消费领域布局

消费领域	内容
金融	支付宝、蚂蚁金服、芝麻信用、天弘基金
社交	新浪微博、陌陌
文化	虾米、土豆网、优酷
生活服务	阿里旅行、阿里健康、高德地图、天猫

资料来源：公开信息，德勤研究。

5.5.2　多元跨界合作

传统金融机构、金融科技公司及第三方平台多元跨界合作成为趋势

金融行业对场景和数据需求不断升级，使金融生态系统中的多元化跨界合作成为主要趋势。业务和科技互相融合创新，可弥补自身资源的不足，从而构建起线上线下一体化的金融生态。跨界合作目标主要是布局消费者生活场景，获得客户流量和消费行为数据，并进一步利用这些数据和技术创新进行分析和应用，以创造更多的价值，提升各自的商业效能。当前，金融生态系统中的主要参与者——金融机构和科技公司都在积极向外部拓展，通过跨界合作构建金融生态。

阿里集团以数据为中心建立生态。围绕用户日常生活场景，对用户可以留下行为数据的所有领域进行战略投资，收购第三方平台如新浪微博、高德地图、UC 浏览器，进而形成涵盖吃、穿、住、行、用综合需求的数据收集和汇总的生态体系，最终以阿里云平台为承接平台。

以零售业务见长的招商银行，近年来重点发展 FinTech，构建起轻资产运营的互联网金融生态体系。通过与中国联通共同组建招联消费金融公司，以“云平台”作为基础运营服务体系，主营消费金融业务。截至 2016 年末，累计授信客户 704.48 万户，发放贷款 570.77 亿元，贷款余额 181.89 亿元，不良率 0.82%；与招商局集团共同组建的招银前海金融资产交易中心，主营金融资产交易及财富管理，截至 2016 年，累计总交易量 1030.75 亿元；而在生活服务领域，与滴滴出行平台达成战略合作，链接出行场景获得大批客户和流量，滴滴出行获得资金支持和借助银行线下资源发展专车司机，截至 2016 年末，发行联名信用卡 125 万张、联名借记卡 130 万张。又如建行携手阿里巴巴、农业银行携手百度、工商银行携手京东金融、中国银行携手腾讯集团纷纷建立了战略合作关系，在普惠金融和技术应用方面合作，FinTech 巨头可协助银行线上开卡，互扫双方二维码，或支持在平台上购买银行理财产品；而银行则发挥其线下实体网络的优势，帮助金融科技公司发展线下服务，打造线上线下一体化综合平台。

表 5－3 阿里巴巴在消费服务领域与第三方企业跨界合作（收购）

第三方企业	合作领域
苏宁云商	与天猫电器整合，利用苏宁的线下配送安装服务体系，服务所有淘宝、天猫消费者和商家
海尔	设立日日顺物流合资公司，提供供应链管理解决方案；日日顺物流为天猫商家及消费者提供家电和大件商品的物流、配送及安装服务
优视	收购 UC 浏览器获得超过 2.5 亿的移动端新增用户，成为阿里移动终端最好的流量入口
高德地图	通过高德地图获得移动端流量入口，整合打车、地图、购物等服务
银泰	利用银泰在全国的零售网络把 O2O 模式彻底打通，银泰百货中生活服务类商家成为阿里巴巴的优质线下资源
穷游网	整合穷游网与淘宝电商，通过旅游与本地服务和支付端口对接，完善阿里巴巴的数据平台

资料来源：公开信息，德勤研究。

总之，在未来的金融生态系统中，传统金融机构、金融科技公司、第三方生活服务平台等不同领域的参与者将展开跨界合作，针对垂直细分的客户群和金融场景，可提供差异化的金融产品和服务，通过新的商业模式创造价值。

5.5.3 行业整合加剧

基于互联网的金融科技巨头成为市场核心

金融科技巨头对行业的整合正在加剧，拥有稳定客户流量、熟练的运营团队，以及多维度数据积累等综合优势的互联网消费金融公司优势将逐渐扩大。根据艾瑞咨询发布的《2016 中国独角兽企业估值排行榜 TOP300》，有 44 家金融科技企业入选，其中 14 家估值超过 10 亿美元。可以预计，未来 5 年内，中国将涌现出几个大的金融科技企业巨头。金融科技所引发的行业整合主要表现在资本融资和获取支付牌照两个方面。

据相关数据显示，2016 年全年，中国金融科技公司获得 77 亿美元融资，首次超过美国位列全球第 1。中国本土金融科技公司在世界范围内的地位和影响力正在提升。互联网理财、第三方支付、P2P、众筹等创新金融服务市场吸引了大量的创投和产业资本，催生出一批创业型公司。越来越多的资本看好金融科技的大未来，纷纷通过私募投资等方式进行战略投资。

表5－4　金融科技巨头融资情况

金融科技公司	融资情况
蚂蚁金服	A轮融资，估值超过450亿美元 B轮融资45亿美元，估值600亿美元 C轮融资接近完成
陆金所	A轮融资4.85亿美元，估值近100亿美元 B轮融资12.16亿美元，整体估值升至185亿美元
京东金融	A轮融资66.5亿元，估值达466.5亿元
众安保险	A轮融资58亿元，市值496亿元，已启动IPO赴港上市计划

资料来源：公开信息，德勤研究。

得支付者得天下

支付业务有银联、商业银行等传统金融巨头参与其中，最能考验企业的综合实力。作为金融业务的基础设施，支付也是最为高频的金融需求，依托支付业务进行全产品线布局，客户转化难度低，且容易形成生态圈内资金流、数据流的闭环，事半功倍。例如，2C端支付场景是绝佳的借贷场景，支付资金结余会自然创造出理财场景，顺势形成汇—贷—存的金融生态闭环。蚂蚁金服、腾讯金融、苏宁金服等互联网金融巨头的全产品线布局基本按照这一逻辑展开。得支付业务者，基本上就提前拿到了金融科技巨头的入场券。鉴于支付业务的基础性和重要性，不难发现，设立或收购一家第三方支付牌照公司已经成为大型企业布局互联网金融业务的必做之事。

目前，监管机构对支付牌照正在收紧，支付牌照是众多综合控股集团发展金融业务的重要工具，已成为市场上的“抢手货”。从2011年开始至2017年6月，央行共发放了270张第三方支付牌照《支付业务许可证》。而早在2015年8月，央行注销了3张支付牌照，结束了第三方支付牌照“只发不撤”的历史。2017年又注销8张后，至2017年8月，还剩下258张支付牌照。央行此前表示，对于确有资本实力、资源优势、技术能力、合规意识和发展前景的机构，支持其通过兼并重组等方式适当加快发展。这意味着，在央行不再批设新机构的情况下，机构要想获得牌照开展支付业务，唯一合规途径就是并购重组。越来越多的新兴金融科技公司转而通过收购获取牌照。事实上，据不完全统计，2012 年以来，我国支付行业已经发生超过 30 起并购或融资案例，仅 2015 年就有 20 多起。此前，京东、海尔、唯品会、美的、美团点评等电商就通过收购的方式获得支付牌照。随着寡头垄断市场的形成，未来支付行业的并购和重组事件还会愈加频繁。日前，国美控股旗下的香港上市公司国美金融科技公告称，斥资 7.2 亿元全资收购银盈通支付有限公司。这意味着国美金融科技将拥有银盈通支付的第三方支付机构牌照。目前国美拥有 1700 家门店、30 年的供应链体系、数以万计的供货商和大规模的终端消费者。这决定了国美对第三方支付牌照的迫切需求。

除金融科技公司看准支付场景之外，当前中国很多的资本集团对追求金融全牌照也有着极大的热情，而金融科技的蓬勃发展显然为这些资本获取金融牌照提供了更多便捷的途径，百度和中信结盟成立百信银行等互联网银行就是最好的例子。

5.5.4 监管合规挑战

金融科技风险与合规管理成为监管重点

金融科技已引起了国际组织和各国监管机构的广泛关注。如何通过金融与科技的有机结合，探索完善金融服务和监管模式，更好地实现安全与效率的平衡，是市场机构和监管部门共同面临的重要课题。

与历史上的技术变革相比，金融业当前面临的技术环境呈现出一些新的特点，此次金融科技是否会从根本上改变现有业务模式和监管框架，还有待观察。一是技术创新和更迭速度显著加快，技术转化为金融产品的周期大大缩短；二是随着互联网人群持续增加，消费者接受新技术的能力和意愿大大增强，新产品及其包含的风险向普通公众的渗透扩散速度大大加快；三是金融科技增强了机构间的关联性，一些对金融稳定具有重要影响的科技企业还未被纳入现有监管体系，进一步增加了风险传导速度、隐蔽性和影响面。这就要求金融机构和监管当局密切关注金融科技的发展变化、潜在风险和可能产生的影响，增强应变能力，适时采取必要的应对措施。

金融科技的潜在风险

从风险方面来看，在机构层面：一是影响传统金融机构的盈利能力。金融科技可能会分流部分银行业务，对现有银行的盈利模式和盈利能力形成挑战。二是增加信息科技风险等操作风险。金融机构更多地运用新技术并外包部分金融业务，增加了风险管理难度。目前已有部分第三方合作机构因系统缺陷导致金融交易数据泄露的案例。三是有可能提高整体风险水平。金融科技企业在增加金融服务可获得性的同时，也有可能降低客户门槛，引入更多高风险客户。由于金融科技尚未经过经济周期性检验，缺乏历史数据，可能会造成风险低估和错误定价。四是对突发事件管理能力提出了更高的要求。全天候金融服务可能会增加金融机构受到外部冲击的时间和概率，对实时监测和突发事件管理能力形成挑战。

在系统层面：一是增加了机构之间的关联性和金融体系的复杂性。金融科技将加深金融业、科技企业和市场基础设施运营企业的融合，增加金融行业的复杂性。部分科技公司在信息科技风险管理方面的局限性可能会导致相关风险在三类企业之间传递，增加系统风险。二是可能会强化“羊群效应”和市场共振，增强风险波动和顺周期性。在金融服务效率提升的同时，风险传导速度可能加快，金融市场参与者的行为更易趋同从而放大金融市场波动。以智能投资顾问为例，金融机构在运用智能化系统为客户提供程序化的资产管理建议时，如果采用相似的风险指标和交易策略，就可能在市场中导致更多

"同买同卖、同涨同跌"的现象，加剧市场波动和共振。[①]

表5-5　金融科技引发的潜在风险举例

领域	潜在风险
消费者数据领域仍面临监管缺失	国外企业大部分考虑个人隐私，如性别、年龄、住址、联系方式等，均不能用于信用评级中，更不用说购物消费记录。然而中国的消费数据已经成为行业巨头争抢的流量资源，并视为企业发展的关键因素。尽管已有合规政策出台，但金融科技发展仍令个人隐私保护面临挑战
风险提示不充分	顺丰金融平台曾推出一款名为"丰腾-SFD"系列的理财产品[②]，该产品对标沪深300指数涨跌幅，采用"定向委托投资"的业务模式。从风险的角度来讲，这类产品的风险相对较高，在银行的5级客户风险评级中，属于激进型的客户才可以投资这类产品。不过，顺丰金融对投资者的风险提示并不充分。事实上，近年来，包括陆金所在内的多个大型互联网金融平台都应用过"定向委托投资"的业务模式，而该业务模式广受市场质疑。由于此类业务在其推广宣传、投资者门槛及人数上限方面并未进行特别规范，因此具有规避私募管理办法监管的套利嫌疑
相似投顾策略引发市场波动	金融机构运用智能化系统为客户提供程序化的资产管理建议时，如果采用相似的风险指标和交易策略，就可能在市场中导致更多的"同买同卖、同涨同跌"现象，加剧市场波动和共振

资料来源：公开信息，德勤研究。

金融科技的监管挑战

在监管层面：一是对监管专业能力形成挑战。监管者可能难以快速配备相应的专业资源，及时更新知识结构，识别潜在风险，从而影响监管的有效性。二是增加风险监测和管控难度。"去中心化"和金融"脱媒"使得更多未受严格监管、资本水平较低的科技企业进入金融行业；同时，许多交易活动可能脱离中央清算机制，增加交易各方之间的风险敞口，也增大了风险监测和管控难度。三是容易产生监管套利和监管空白。某些科技创新可能会游离于监管体系之外，变相规避监管，造成监管套利。

目前，为了鼓励金融科技发展并防范风险，包括英国、美国、新加坡、澳大利亚在内的许多国家都采取包容性的法律政策。例如，英国、

① 关于金融科技发展与监管的研究报告．中国银监会．2017年3月．

② 金融科技潜在风险引监管层关注．北京商报．2017年6月22日．

新加坡等国家把金融科技创新风险局限在“监管沙盘”内，美国现行法律法规对金融科技无明确规定，但对可能使消费者受益的创新性金融产品，采取宽松的“无异议函”政策，以鼓励创新。

我国央行成立了金融科技委员会，通过运用金融科技来提高监管技能，进而监管金融科技，这表明金融科技对货币政策、金融市场、金融稳定、支付清算等领域的影响日益深刻。金融科技委员会一方面对金融科技风险进行监管，引导新技术在金融领域的正确使用；另一方面也强化了监管科技应用实践，积极利用大数据、人工智能、云计算等技术丰富金融监管手段。

总之，在监管层面，金融科技的多变性与专业性使得金融监管难度急剧加大。面对重大的金融创新，金融监管可能难以匹配相关的高度虚拟化、网络化、分布式的金融科技体系，信息技术、认识水平、监管能力以及技术资源等都对监管体系提出了新的要求。随着金融科技的快速发展，金融科技风险与合规管理仍然是摆在监管和金融科技公司面前的一个重要议题。

第6章

教育革新

FUTURE REIMAGINED

6.1 从教育生态看教育本质

6.1.1 教育生态的重构

近年来，翻转课堂、在线教育、创客运动等新的教育形式快速崛起，对中国教育产生了越来越大的影响。教育科技力量的发展突破了校园界限，打破了传统学校封闭的办学体系，并催生出新的教育形态。总的来说，教育行业形态的转变主要体现在三个方面：学习模式更加灵活，不再囿于固定的时间和地点；教学方式从单向的知识传授发展为以学生为中心的双向互动式教学；学校朝信息化方向发展，从以班级为单位的传统的学校组织形态转变为教学资源在云端的知识传授大平台。

其中，最为核心的教育生态的转变是学生与教师身份的转变。在制造业时代，培养技术型人才是重中之重，要求课堂的核心——教师——将扎实的理论知识和实践经验通过授课的形式传达给学生，致力于将学生培养为走出课堂即可走入社会的技术型人才，教师通过彼此之间的教学交流以及吸纳其他外部教学资源的精华进行备课，同时与实践领域的专家和用人单位相联系，以形成有效的教学内容和方法。然而，随着经济实力和科学技术的不断发展，全球迈入了数字信息化时代，传统的单向知识传授已经难以满足时代对人才的需要。在信息化时代，很多技术类工作已经能够由机器代替人进行生产，创新型人才的培养成了教育的重点。在这一目标下，创造以学生为核心的主动学习环境是培养创新型人才的重点，让学生作为独立的个体能够与现实生活中的专家和用人单位直接联系。教师需要从原来的知识传授者转变为学习过程的指导者，

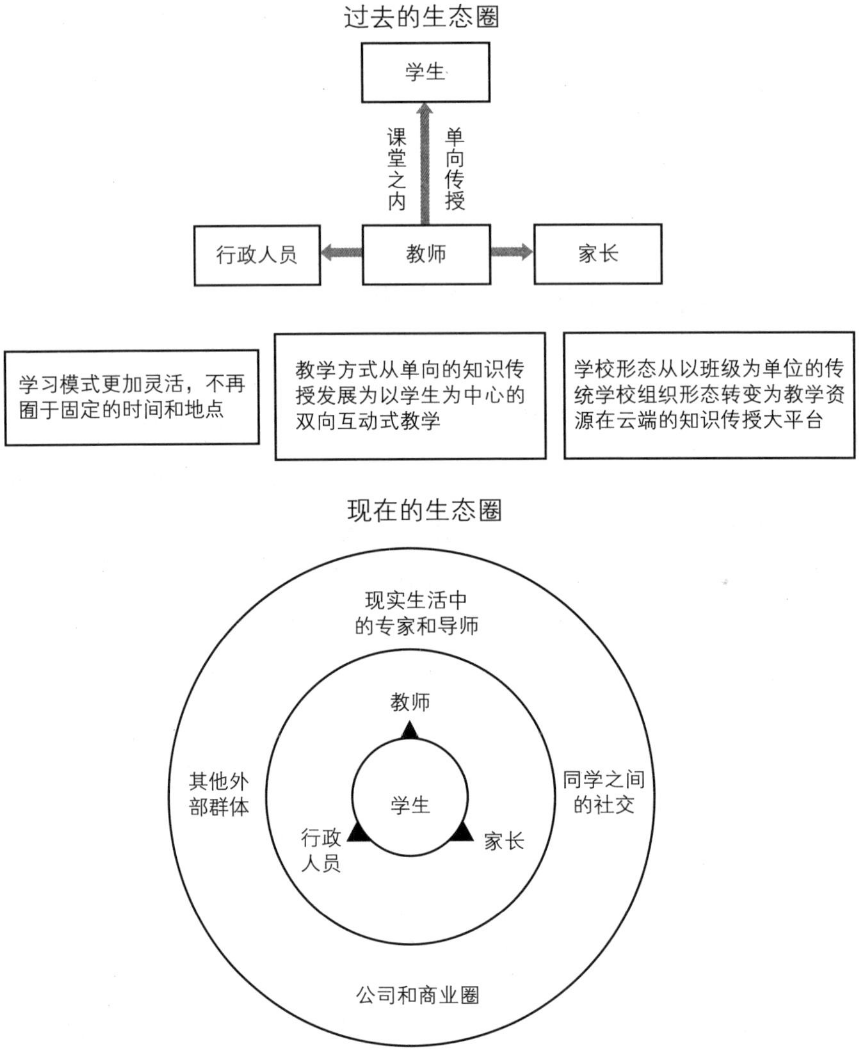

图 6－1　教育生态圈的变革

资料来源：德勤研究。

由书本知识的复制者转变为激发创新思想的启蒙者。

随着经济全球化和高等教育现代化的推进，科技在教学内容以及教学手段中不断渗透。德勤的 2016 数字教育调查《下课铃响后：延伸课堂（Digital Education Outside the Classroom）》发现，众多教师、家长和学生都在热情地拥抱科技与教育的结合。大多数人认为，教育科技在教学过程中发挥着巨大作用，目前，80%的教师每周至少使用一次和教育科技相关的工具和软件。另外有75%的人认为数字教育内容将在未来10年内完全取代印刷教科书。教育科技推动教育产业有了新发展，学生的学习过程已经不再局限于学校之内、课堂之中。课堂之外的时间，学生也可以通过其他途径（如互联网或创客空间）与老师、家长、同学和其他领域有经验的专家进行学习和互动。

总的来说，未来教育生态的重构主要体现在：宏观层面上，形成教师、家长和学生完整的教育生态圈，形成有效的家校互动；教学环境上，创造以学生为核心的课堂氛围；教学方式上，构建线上线下相结合的教育模式。

线上线下相结合的教育模式

随着在线教育的不断深入发展，传统学校教育大规模吸纳网络和其他线下教育资源，构成线上线下相结合的教育模式，即线上网络教育与线下传统教育的整合式教育模式，通过两种教育模式的优势互补实现教学效率的提高。线下传统教学的优势是能够营造课堂互动式的学习氛围，创造学生之间的合作机会，以及提供了一个师生之间与学生之间情感沟通的平台。而线上教育的优势是提供了一个能够自主选择的、灵活变通的系统进行个性化学习，并且在传统课堂授课之余（如课后时间及寒暑假时间）提供了一个寓教于乐的知识回顾场所。二者的结合将大幅度提高教学和学习效率。

“翻转课堂”是线上线下结合式教育的一种表现形式，这一概念由Wesley Baker于2000年初次提出。传统的教学过程包括知识传授和知识内化两个方面，知识传授是通过教师在课堂上的讲授来完成，知识内化则需要学生在课后通过作业、操作或者实践来完成。翻转课堂对这种形式进行了颠覆，知识传授在信息技术的辅助下在课后完成，知识内化则在课堂上通过与老师和同学的互动完成。在翻转课堂中，教师的角色从传统课堂中的知识传授者变成了学习的指导者。传统意义上，教师从备课到课堂讲授，角色都是作为信息中心在传播知识，教师的大部分精力也都在教学资源的准备和提供上。但是随着线上线下结合式教育模式的开展，教师作为资源提供者角色的重要性逐渐下降，转而成了面对多种教学资源的选择者和组织者。在某种意义上，教师将成为一位指路人，在多种教学资源中，指引学生按照合适的路径去学习和探索。学生是学习过程的核心，成为自拟步调的学习者，可以选择学习的时间和地点，也可以选择内容和学习量。学生的角色从被动的知识接收者转变为主动参与者，各大在线教育机构在争取学生使用率的市场上竞争十分激烈。一般来说，有两点能够有效地吸引学生的使用和注意力，一是线上教育“游戏化”，学生能够从参与中有收获，如虚拟钱币、奖章和解锁关卡等。二是为学生提供与朋友互动的机会，一个能够提供与朋友合作或竞争平台的软件往往会比单机学习软件得到更多的青睐。在这样的情况下，学生不仅仅停留在课堂上接受知识和课下完成作业的状态，而是能够成为线上教育的主动选择者和主动学习者。

目前，这种线上线下教学结合的翻转课堂模式已经在美国开展。美国国家教育非营利组织明日计划（Project Tomorrow）与翻转课堂教育网（Flipped Learning Network）2014 年秋开展的在线调查显示，28% 的学校管理人员认为翻转课堂已经在改变地区的教学与学习方面产生了显著影响，38% 的初中教师与 40% 的高中教师已经从翻转课堂的教学实践中取得了不错的效果①。

虽然以翻转课堂为代表的混合式教育模式在美国开始于中小学，但由于中国的特殊考试制度，中小学校短时间内不会将传统的实体课堂做大规模的改革，翻转课堂依赖于学生的兴趣和自制力，在没有自主选修课的基础教育阶段很难将翻转课堂模式有效地开展起来。反观大学教育和研究生教育，学生依照自身兴趣选择专业和课程，也有一定的自制力和合作与互动能力，高等教育将会很快引入翻转课堂教育模式。

另外，逐渐兴起的大规模开放在线课程（Massive Open Online Cour-

① 高校翻转课堂：现状、成效与挑战——基于实践一线教师的调查．缪静敏，汪琼．

ses，MOOC 慕课）是线上线下混合教育的另一个表现形式。慕课依托名校的师资和品牌力量发展起来，具有开放性、大规模、自组织和社会性的特点。其中，Coursera、edX 和 Udacity 将慕课教育推向了高潮。2013 年之后，慕课潮进入中国，中国知名大学，如北京大学、清华大学、上海交通大学和复旦大学等相继加入开放课程的行列。慕课区别于传统的一节课 45 分钟的教学视频或“空中课堂”，强调使用“微课”的形式，每段视频不超过 15 分钟，便于集中学生的注意力和分解难点，力求保持学习的有效性。用户可以依照自身兴趣或职业需求，在慕课平台上选择性学习。随着国家政策对建设“国家精品在线开放课程”的支持，慕课将在高等教育领域扮演重要的角色，并且有打通高等教育与职业市场的趋势。

然而，慕课课程的开展也存在一些问题，最主要的两个问题是课程完成率低和认证困难。通过慕课平台学习的学习者由于个人兴趣而选择慕课学习，但是在没有教师看管、学校约束、学分要求的情况下，课程的完成率很难保证。另外，虽然慕课能够为学生提供结业证书，但是这一证书并未获得教育部等官方机构的认证，也因此很难获得用人单位和教育机构的认可。因此，以慕课为代表的在线课程并不能完全替代传统的实体课堂，在短期内只能作为课堂教学的一种补充，如利用在线课程进行假期的自学、用于缺课学生的补课和异地学习等。

家庭与学校的整合形成教育生态圈

教育生态圈，是指存在于教育系统内部的、与教育活动相关联的、能够对教育活动和效果产生影响的各个要素所组成的统一整体。如何构筑一个完整的学校、家长和学生的教育生态圈始终是社会的一个重要课题。对于教师来说，课堂之外的学习内容需要有效辅助课堂内容、提供更多训练，并且起到“寓教于乐”的效果；对于家长来说，希望在课堂之外的时间了解孩子的学习进程，找到有效的辅助孩子学习的系统；对于学生来说，期待课堂以外的学习内容有趣，并且学习设备易于使用且便携。教育科技发展的另一个趋势是整合教师、家长和学生，形成一个完整的“三足鼎立”式的教育生态圈。

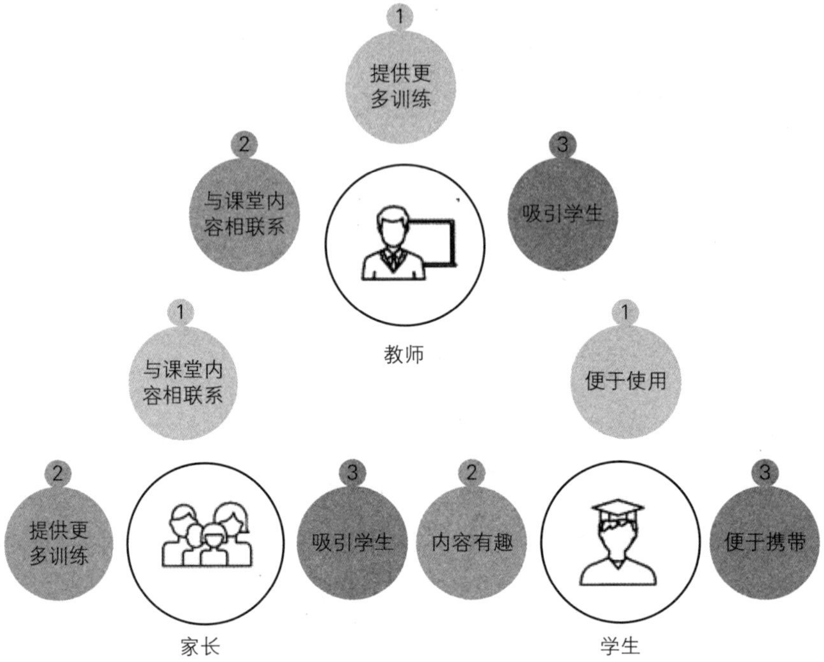

图6－2　教育生态圈中教师、家长和学生对于课外学习的需求

资料来源：德勤研究。

在融入了教师、家长和学生的完整教育生态圈中，家长的角色从教学的外围进入内场，传统教育中家长无法直接参与教学内容，对于教学进程的了解依靠与教师和学生有限的交流，但是在完整的教育生态圈中，家长可以作为直接的参与者，或者在线上共享的一端了解学生的学习状况。

无论家长作为教育的直接参与者，还是教学过程的知情者，营造包括教师、家长和学生的教育生态圈都将是教育市场未来的发展方向。只有家长和教师拥有共同的教学理念，并配合默契才能形成有效的家校互动，促进学生整体教育水平的提高。

6.1.2 教育科技助推教育产业的全新发展

中国教育产业正迈入“黄金时代”，无论从整体行业规模还是市场活跃度来看，皆处于扩张阶段。我们预期中国教育市场将从2015年的1.8万亿元增长至2020年的3.3万亿元，实现12.7%的年均复合增长率。特别是培训领域，包括早教，K12课外培训以及职业培训，将成为未来主力增长点。而从教育公司来看，截至2017年3月24日，新三板教育类公司数量已达到232家，重点的教育类挂牌公司，如亿同文教、颂大教育、行动教育等频频展开上市辅导、定增、并购、投资、借壳等动作。另外一些体量较大的教育机构对IPO跃跃欲试，如华图教育和培诺教育。

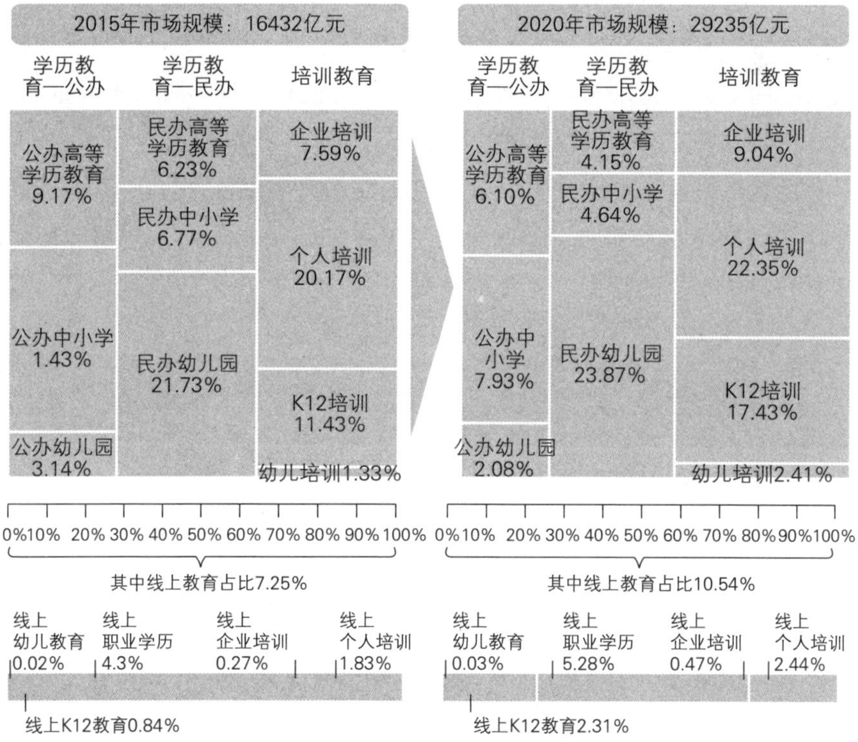

图6－3 中国教育产业市场规模

资料来源：德勤研究。

教育科技对传统教育的革新主要表现在在线教育和 STEAM 教育两个方面。首先，在线教育目前呈现持续增长的态势，很多线下培训机构开始向线上转移，相比于传统教育的教学模式，在线教育开辟了教育资源在云端平台共享的新形式，在互联网教育时代扮演着重要的角色。在线教育不再受到时间与空间的限制，课程以网络化学习的方式由参与者自主选择。除网上授课之外，也配合相应的阅读材料和课程研讨课，将世界各地具有相同兴趣的人联结起来。其次，注重与真实问题相联系、注重动手实践的 STEAM 教育也为教育科技的发展提供了新的内容。STEAM 教育取科学（Science）、技术（Technology）、工程（Engineering）、艺术（Arts）以及数学（Mathematics）的首字母组成，STEAM 教育可以和项目式的课堂设计或是家庭教育相结合，基于现实问题，进行以学生为主体的探究式教学，并鼓励学生在学习和探究的过程中找到解决问题的方案。STEAM 教育将动手实践能力的培养作为教学中的重点，对于传统教育注重知识性灌输的培养产生了形式上的革新。

从教育科技的整体来看，位于欧洲的教育科技组织 Edtech Europe 发布了《2016 教育科技趋势报告》（*2016 Edtech Trends*），分析和预测了教育科技行业的发展。教育科技支出将以每年 17% 的速度增长，截至 2020 年将超过 2.5 千亿美元。如果按照地域来分，亚太地区增速最快，年增长率达到 20%，2020 年将占据全球教育科技市场的 54%。可以说，中国教育科技领域的发展拥有巨大的潜力。

教育产业的发展存在以下几个发展趋势：第一，科技与教育的融合是大趋势，任何一个有一定影响力的商业模式里都包含着科技和互联网因素，不同的商业模式也依靠科技和互联网相互连接；第二，受教育者将成为新型教育关系中的主体，以学生为主体的探究式教学和教与学的互动将是未来课堂的发展方向；第三，个性化学习是培养创新型人才的一个基础，关注学生的兴趣并因材施教，变通才教育为个性化教育将是教育工作者在未来教学过程中应该关注的重点。基于以上三点教育产业的发展趋势，教育科技产业的发展潜力不言而喻，我们将在本章节重点介绍在线教育和 STEAM 教育的发展前景。

6.2 在线教育向纵深发展

6.2.1 在线教育市场持续增长

在线教育相比于传统教育的优势是拓展封闭的学习空间为不受时空限制的教育模式，并且最大限度地拓展学习渠道与资源。大数据分析技术的发展能够追踪用户的使用习惯和学习偏好，为个性化学习提供有针对性的建议和评估；语音识别和在线直播技术的发展成熟对于模拟实体课堂、实时监督与互动有很大的影响，尤其是对于语言培训产业的促进很大。总体来讲，技术水平的进步在保持在线教育优势的同时，不断按照实体课堂模式弥补线上教育的不足，并且使教育朝个性化、移动化方向发展。

大数据	运用大数据分析技术追踪用户的消费习惯和学习偏好，有的放矢地为用户推荐课程，同时用户可通过错题整理等服务提高学习效率
语音识别	语音识别技术与在线教育的融合为在线语培领域创造了新的机遇，提高了在线语言学习的效率
直播互动	直播技术的发展为线上学习营造了实体课堂氛围，能够互动的直播式教育在很大程度上打消了消费者选择的顾虑
远程测评	远程测评技术可以通过评估用户的学习状况提供资质证明，同时也可以为教育机构提供有效反馈
穿戴设备	智能穿戴设备（如智能眼镜）的应用拓展并优化了在线教育的学习场景，使教育过程寓教于乐

图6－4 技术进步对于在线教育产业的推动

资料来源：艾瑞咨询，德勤研究。

截至2016年12月，中国在线教育用户规模达1.38亿，并且在线教育用户和手机在线教育用户均呈现增长趋势①。未来随着国家对于教育信息化的投入不断加大，市场规模还将继续扩大。

首先，在线教育的细分市场发展不平衡，K12 教育（基础教育，即从幼儿园到高中教育）用户使用率最高，为 53.4%，年增长率为 76.9%。中小学教育培训市场主要以线下培训为主，辅之以在线题库、在线作业、在线课程复习等方式，线上线下相结合以达到更好的培训效果。家长作为培训课程的决策者和支付者，为优质教育服务付费的意愿和能力都比较强。其次，在线职业教育需求旺盛，网民使用率为 34.4%，用户规模为 4731 万人。② 随着中国经济的转型升级，人才结构性矛盾越来越突出，高技术型人才缺口较大，在线职业教育仍是一片待开发的蓝海。基于中国在线教育市场的发展现状，在线教育市场还未饱和，发展潜力巨大。

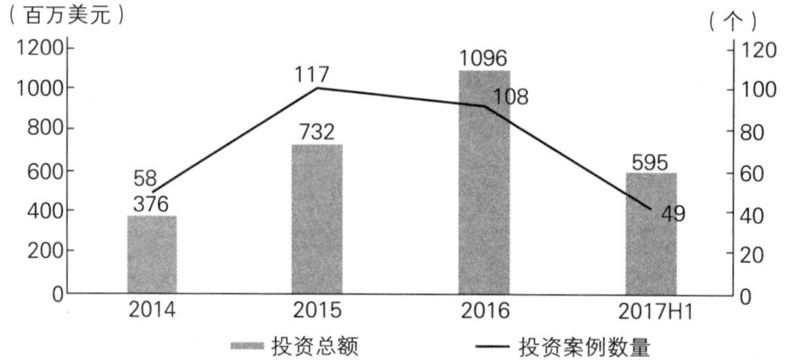

图 6-5 中国教育市场 VC/PE 投资一览

资料来源：德勤研究。

另外，在线教育投资者也已经紧跟教育发展趋势，资金大量涌入在线教育行业。通过分析近三年来中国教育市场 VC/PE 投资数据可以发现，在线教育行业所获投资处于持续的上升态势，并且单笔投资金额持续上升。总的来说，在线教育发展较早，资金较早涌入这一市场。在线

① 中国互联网络发展状况统计报告. 中国互联网络信息中心（CNNIC）第 39 次.

② 中国互联网络发展状况统计报告. 中国互联网络信息中心（CNNIC）第 39 次.

教育产业的市场规模巨大并且处于持续增长的状态，投资者也紧跟这一发展趋势布局在线教育行业。

6.2.2 在线教育向纵深、移动、直播方向发展

向二三线城市渗透

对比2013年和2015年中国在线教育人群的城市分布可以发现，一线城市的在线教育用户占比相对下滑，已经趋于饱和，但二三线城市的在线教育用户占比相对上升，潜力较大，二线城市将成为下一轮企业争夺的主要阵地。①

二三线城市的创业者对在线教育的热情越来越高，如杭州、苏州、南京、福州等，但相比于北京上海等一线城市的上千家从业企业，二三线城市缺乏创业氛围，而且民众对于在线教育的接受程度普遍较低，在观念和视野上落后于一线地区。但是二三线城市的成本优势不容小觑，由于在线教育本质上是产品和技术密集型产业，开发成本相对高昂，二三线城市的人力资源成本较低，有望成为开发在线教育的一大优势。

向移动学习发展

目前，在线教育的形式和类型虽然多种多样，但是大部分用户仍然选择PC端进行课程的系统学习，目前移动端起到的作用仅仅是预约课程、查看课程进度、零散知识点记忆和课后问题解答等，而移动学习正逐步成为在线教育的主流。数据显示，2016年59.3%的在线教育用户分布在手机端，较2015年底提升了11个百分点②。与PC端相比，移动学习能够提供个性化的学习场景，借助移动设备的触感、语音输出等方式，构建出更加个性化的人机交互场景，提升学习本身的趣味性，尤其是对于题库类、数字阅读类、音频类在线教育产品，更适合从移动端切入。长远来看，基于移动终端，拥有优质教学内容、能寓教于乐的教

① 中国在线教育平台研究报告．艾瑞咨询．

② 中国互联网络发展状况统计报告．中国互联网络信息中心（CNNIC）第39次．

育产品，在市场上更有优势。

移动学习不仅有强烈的用户需求，在技术上也已经成熟，智能手机的处理器性能不断增强和大尺寸高分辨率的移动设备的普及，对于在线课程和互动的用户体验基本接近 PC。

向教育直播方向发展

目前大多数的在线教育课程为录播课程，给用户较大的选择空间。但是，录播课程相对传统课堂而言，失去了师生之间的强互动状态。针对这一问题，很多以不同业务起家的教育公司都在进行“直播化”转型，或者至少使直播这种模式与授课有某种程度的结合，如原来重点做录播课程的学而思网校宣布全面转型直播，沪江网开发了 CCTalk，学而思、新东方的线下班已经启动了面授与直播相结合的双师课堂等。

直播能够给在线教育带来实时的互动体验，最大程度上模拟真实的教学场景，同时又突破了传统教学的空间限制，教育资源可以不受边界的限制被传播开来。教育直播将成为未来在线教育产业的一个发展趋势，原因有以下几点。

（1）学习效率。对于一些在线教育培训课程，尤其是语言类课程，实时直播互动能够更有效率地进行授课。录播课程虽然给用户带来了较大的选择空间，但是严重依赖于教师对课程的理解深刻、表意清楚和学生较强的学习能力和自制力。录播课程之所以课程的完成率低，原因就在于缺乏实体课堂的监督氛围。因此，从长期的学习效果来看，能够实现互动的直播类课程将获得用户垂青。

（2）盈利能力。由于教育行业竞争激烈，大多数依靠廉价流量的产品很难获得盈利。静态化的录播课程由于行业内的激烈竞争很难获得大规模的盈利，但是互动式的直播课程将依照学生的反馈和学生与老师的互动进行教学的探索和推进，是一个逐步深入的过程，盈利能力相比其他的静态式教育机构市场更广阔，因此教育直播将获得在线教育培训机构的重视。

（3）直播技术。随着直播技术的不断提高，教育直播的能力也将随之增强。目前可应用的直播技术主要有两种：一种是为高并发的直播项目（如万人大课堂）提供技术支持，这一类服务比较成熟，但是无法实现单个用户的实时反馈，个性化不强；另一种是开发小规模的直播课堂（如翼鸥教育的 ClassIn 在线教室），产品只面向 5 ~ 10 人，能够实现用户的实时反馈和答疑，这一类产品用户体验相对较好，随着直播技术的不断提高，这一类创新型产品将会更多地进入在线教育市场，推动教育直播的发展。

虽然目前教育直播在教学品质上仍然无法达到线下课堂的效果，而且在教育内容的规范程度和知识产权的保障方面仍需提高，但是教育与直播的结合仍然是未来在线教育产业发展的一个方向。

案例：从平价英语学习平台到紧跟教育发展趋势的 51Talk

51Talk 是国内最早的真人外教一对一在线英语培训机构，2011 年由黄佳佳在北京创办，目前在菲律宾和上海开设了分部。在过去的 5 年里，51Talk 将在线英语学习从视频教学、录播课程发展为外教一对一沉浸式、强互动的在线直播学习。2016 年6 月 8 日，51Talk 正式登陆纽交所，成为中国第一家赴美上市的在线教育公司。目前，51Talk 有三条主要业务线：成人英语、青少年英语和美国小学。

最初，51Talk 抓住了 21 世纪初全民学英语的发展机遇，同时创新了网络教学模式，利用网络平台丰富教学方法，制定了适宜的市场营销战略，取得了较好的发展成果。51Talk 初期发展迅猛的原因有以下几点。

（1）资源优势。51Talk 改变了传统的网络英语教学资源模式，从提供国内教学资源转变为提供国外教学资源，结合国内英语学习的需求整合国外教学资源，并与国外教育机构合作，不断扩充母语为英语的外教数量，并致力于为不同阶段、不同需求的学员提供相应的资源。

（2）模式优势。在教学模式方面，51Talk 改变了传统的英语教学模式，所有教师均为外教，由外教对学生进行在线的一对一模式的授课。这种一对一教学模式注重为学员提供更加个性化和多样的教学内容，以需求为导向，制定相应的教学方案和教学规划，学生可以针对自身的实际情况进行个性化英语学习方案的定制，自主选择课程安排。

（3）价格优势。51Talk 的一个出发点是打造一个“人人学得起”的口语教学平台。同类型的其他教育机构主要致力于打造高端的英语口语教学，收费较高。51Talk 针对这种情况，面向中产阶级家庭，力求降低平台的运营成本以降低收费，解决方式就是以 QQ 为通信工具，实现师生之间的互动，完成讲义、作业等学习资料的传送，而授课教师就用成本较低的菲律宾籍外教。

51Talk 随着市场的发展也进行了一系列转型升级，通过在一些关键领域的创新和改进，企业的商业效能和市场份额都得到了提升。

（1）51Talk 紧跟在线教育发展趋势，积极布局移动端。51Talk 快速发展移动端技术，从起初的仅支持 PC 端三分屏授课形式发展为现在的可在移动设备体验相同的三分屏授课。2016 年第一季度，82.3% 的 51Talk 活跃用户通过移动端进行英语学习，手机移动端有课程管理、移动端上课和社区三个功能。另外，51Talk 还推出了移动端产品“多说英语”，这是一款智能口语评分系统，利用平常练习所积累的金币可以免费兑换真人外教口语打分服务，这一款产品将 51Talk 的服务延展到了课堂外，让课堂教学效果有效延续。

（2）51Talk 力求通过直播的平台给学生带来全新的英语学习体验，51Talk 将以小米直播为互联网直播平台推出相关英语课程。同时，51Talk 还不断加大直播技术的研发力量，其自主研发的以 AC 软件（Air Class）为代表的直播技术可以支持其完成完整的教学。

（3）51Talk 通过评估用户的需求重新配置资源，在成人英语教育的基础上深耕 K12 教育。最初，51Talk 的主营业务是成人英语，通过品牌和师资建立了较强的竞争壁垒。但是，K12 是更加有吸引力的赛道，51Talk 从 2015 年起推出青少年英语，2016 年中期推出了定位高端的美国小学业务。51Talk 通过开发新的教学项目来满足不断变化的消费需求，从而为用户提供了更多的选择，也增加了自身在市场上的竞争力。

（4）51Talk 在提供培训的同时，不断拓展与其他机构的合作，并致力于提供相应的测评体系增加学生学习的动力。在发布会上，51Talk宣布要与外研社和猎聘网等机构进行战略合作。外研社的在线英语学习平台Unipus将为51Talk课程量身定制一套口语测试系统，双方还将在线上考试等方面进行合作，并联合为学员颁发证书。与猎聘网的合作主要是将外研社的测评结果同步到用户招聘的个人界面，或成为对应聘者英语能力考核的标准之一。这种内外部结合的激励机制，将不断提高用户的学习动力和能力。

6.3 STEAM教育站上风口

6.3.1 STEAM教育不断扩张

STEAM教育代表了一种教育新思潮，以解决问题为中心，注重跨学科思维培养，倡导多学科间配合。STEAM的概念处于不断的发展过程中，从STEM到STEAM经历了三个阶段（见图6-6），其变化的核心在于艺术（Art）的参与程度。STEM在最初提出时是为了解决劳动力短缺的问题，通过整合科学、技术、工程与数学用于解决现实问题，艺术在其中并未受到关注。为解决工业设计缺乏，提升竞争力，由政府推动的STEM基础上加入艺术和美学形成了STEM 2.0。STEM 3.0则依靠教育工作者推动，艺术在整个STEM课程中的地位进一步提升，成为STEM教育的入口，以提升学生的创新能力。

中国目前处于第二阶段向第三阶段过渡的过程中，依靠各级政府相关政策推进，开展试点工作，发放教育资金。随着国家、省、市级出台一系列促进STEAM教育的发展，包括“十三五”规划，江苏省《关于开展科学、技术、工程、数学教育项目试点工作的通知》建立26所试点学校，深圳市发布《深圳市中小学科技创新教育三年行动计划》，STEAM已经在一线城市快速打开，北京、上海、深圳等地已经出现了超过100所试点学校。同时，参与STEAM课程研究的机构数量不断扩张，STEAM教育领域资金大量涌入，校外培训机构成为STEAM教育的

		政府采用	教育工作者推动
	STEM 1.0 原始/纯STEM	STEM 2.0 增加设计因素	STEM 3.0 STEAM
背景	· 缺乏STEM劳动力	· 缺乏工业设计	· 缺乏软技能与独创性
目的	· 工作	· 竞争	· 创新
核心原则	· 整合科学、技术、工程与数学	· 进一步将艺术设计与美学加入STEM	· 艺术成为一种有效的学习工具并成为STEM入口 · 在真实STEM环境中运用
主要贡献	· 项目服务于特定目的——运用工程设计方法整合并运用数学和科学以创造解决现实问题的技术与方法 · 对于劳动力发展、国家安全与移民政策均有影响	· 出众的产品与交互界面设计带来竞争优势(如苹果公司) · 这些项目旨在教授学生批判性思维，在数学与科学的基础上使用工程或设计方式解决现实问题。STEAM项目借鉴设计原则在STEM课程的基础上增加了艺术 · 但是STEM仍关注通过工程获取数学与科学技能 · 只需要STEM技能可以支持经济增长即可	· 通过艺术活动增加学生动力与STEM成功的可能性 · 艺术成为一种提供更多不同学习机会与获取更多接触STEM机会的方式。艺术同时也提供多样的沟通与展示的机会
课程示例	· 机器人，编程	· 英国的设计与技术	· 涉及乐器并演奏，介绍舞蹈与音乐背后的数学
艺术参与程度	· 不关注艺术	· 在STEM中加入艺术因素	· 艺术作为入口

图6－6　STEM/STEAM发展阶段

资料来源：德勤研究。

主要力量。未来，随着STEAM教育的深入推进及一二线城市市场饱和，西部三四线城市也将成为各方机构争夺的重点地区。

STEAM教育产业的参与者包括学生、支持机构、学校、设备供应商、课程提供者。

（1）学生。STEAM教育开展最合适的阶段是小学高年级、初中阶段。STEAM对于学生动手能力、思辨能力要求较高，幼儿园及小学低年级的学生无法达到相关要求，只能适当参与拼装STEAM玩具及较为初级的机器人课程，无法参加核心课程。对于高中学生来说，受制于高考压力，没有时间也没有动力去参加无法反映在高考成绩上的 STEAM 教育。

（2）支持机构。主要是面向公立学校。政府通过政策指导建立试点学校，发放资金推进 STEAM 教育。公司也在积极争夺公立学校市场，如英国培生公司向八一中学提供 STEAM 教育课程。非政府组织则通过政府政策参与其中，如上海 STEM 云中心向武汉政府提供 STEAM 帮助。

（3）学校。公立学校推进最为迅速，主要得益于政府政策与资金的倾斜，更有动力向学生提供均衡发展的教育。私立学校则由于其营利性要考虑投入成本与回报，更加看重学生的考试成绩。国际学校课程与国外接轨，早已将 STEAM 作为其核心教育的组成部分。

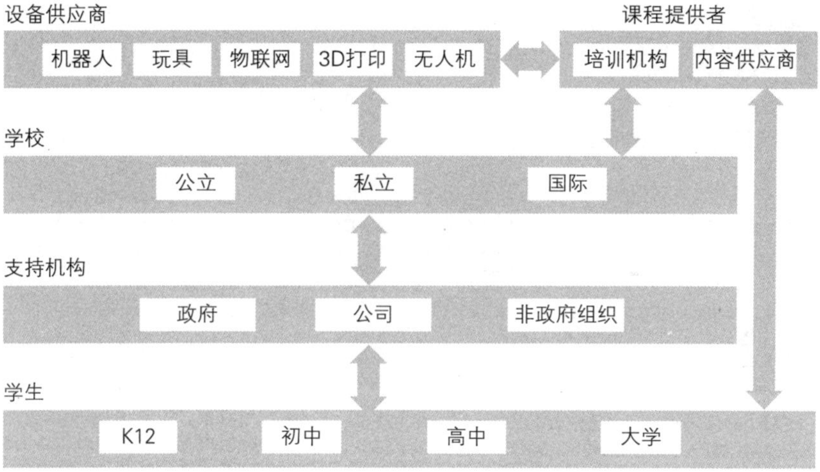

图 6－7　STEAM 产业参与者

资料来源：德勤研究。

（4）设备供应商。STEAM 设备主要包括机器人、玩具、物联网、3D 打印以及无人机。由于适应各级学生的学习需求，课程体系较为完备，机器人与物联网设备最具潜力。无人机由于其安全性以及对空间要求较高的特点而增速最为缓慢。

（5）课程提供者。包括 ToB 向学校提供课程的机构以及 ToC 直接面向学生的机构，分别以比特实验室和 ROBOROBO 为代表。ToC 端由于同时面向全部学校学生而拥有更多的受众，市场准入较进入公立学校来说更低并可以快速扩张，其发展潜力将远超 ToB 端机构。

6.3.2 双重因素推动 STEAM 教育发展

政府政策刺激与市场需求上升共同作用于 STEAM 教育市场，推动 STEAM 教育在中国的快速发展。随着经济增速放缓，创造良好的创业环境与培养具有创新意识的人才成为当务之急。在此背景下，STEAM 教育逐步受到政府重视，并成为政府制定教育政策的重心。与此同时，社会上 STEAM 教育意识逐步觉醒，父母更加看重孩子是否具有创新思维等更加具有竞争力的优势。

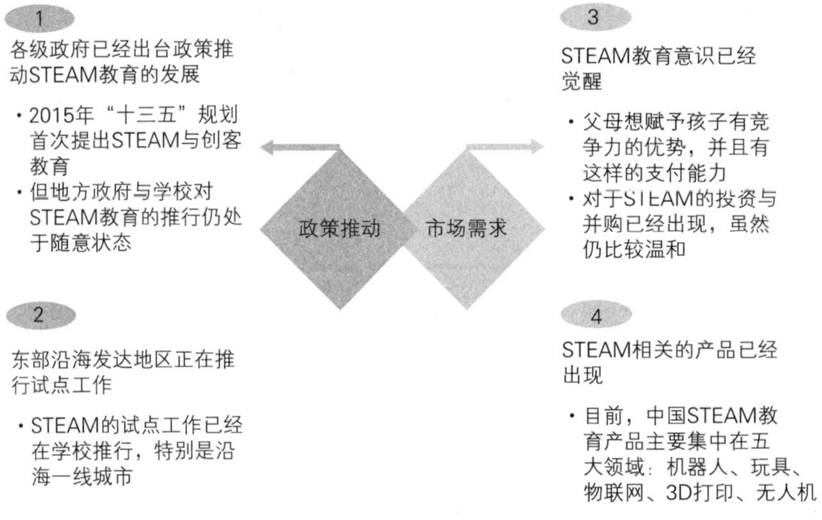

图 6－8　政策与市场推动 STEAM 发展

资料来源：德勤研究。

各级政府政策推进

以 1998 年提出的“科教兴国”战略为标志，早期的中国教育政策主要关注于高等教育中科学技术的研究与商业化。2015 年政府提出“大众创业、万众创新”，并第一次在“十三五”规划中提及 STEAM 教育，这也成为教育政策转向培养具有竞争力的创新型人才的转折点。然而，国家层面的政策并不是强制性的，并未提及针对 STEAM 教育在全国推行的具体计划，是否真正推行 STEAM 教育仍取决于地方政府与学校。

相对于国家级政策，省级政策虽然更加具体，但仍有较大的完善空间。江苏省已经出台具体的实施规划。省教育厅与江苏科协展开合作，2016 年已有 26 所试点学校。这批试点学校的任务包括开发 STEAM 课程，组建优秀的师资队伍，建立面向公众的 STEAM 实验室，帮助非试点学校开展 STEAM 教育以及通过媒体宣传 STEAM 概念。

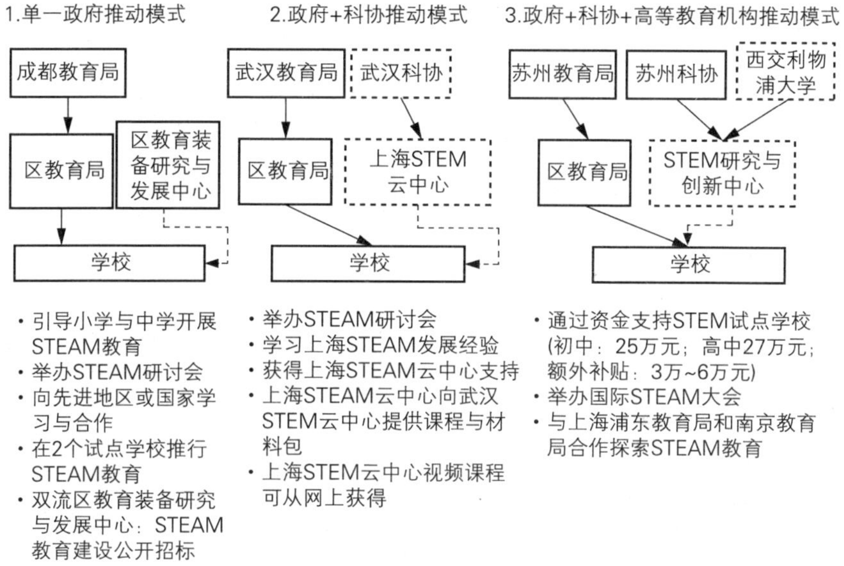

图 6－9　市级政府推动 STEAM 教育发展的三种模式

资料来源：德勤研究。

市级政府的政策最为详细，共有三种模式推动 STEAM 实施，在此过程中政府和科协是两大主要力量：①单一政府推动模式。例如，成都教育局向先进地区合作与学习，通过区教育局和区教育装备研究和发展中心引导小学与中学开展 STEAM 教育，目前已有 2 所试点学校。②政府 + 科协推动模式。例如，科协通过上海 STEM 云中心向武汉各区教育局提供课程设计与材料。③政府 + 科协 + 高等教育机构推动模式。例如，苏州教育局、苏州科协与西交利物浦大学三者合作，同时与上海浦东教育局和南京教育局合作进行STEAM研究创新，而试点学校也可获得政府资金的支持，初中可获25万元，高中则为27万元，额外补贴为3万~6万元。

STEAM教育意识已经觉醒，资金纷纷涌入

随着中产阶级规模扩大，家长对教育投入的承受能力更高，STEAM教育理念更加广泛地被接受也将促使教育投入向STEAM教育倾斜。可以预见的是，中国在未来10年左右的中产阶级人口占比将经历快速增长时期，"70后"与"80后"家长的购买力将获得大幅提升。

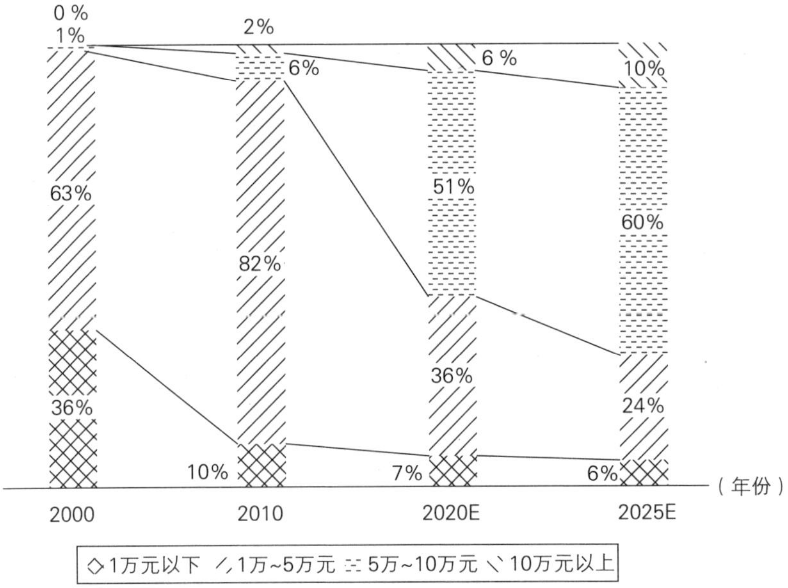

图6-10 不同收入层次人口占比

资料来源：德勤研究。

家长收入提升，每月花在教育产品上的支出也将相应增加。传统应试教育以分数为中心的理念已经受到素质教育的巨大冲击，STEAM教育理念的日益深入也将促使家长增加STEAM教育产品的投入。由于STEAM产品的价格基本超过500元，因此高收入阶层家庭将成为这一消费市场的主力。

STEAM 教育投资者已经紧跟教育发展趋势，资金大量涌入 STEAM 教育行业。其中大部分投资集中于早期投资领域，例如，2014 年鲨鱼公园获得超过 1000 万元的 A 轮投资，2015 年喵爪获得 1000 万元的 pre-A 轮投资，2016 年帕皮科技获得 1000 万元的 pre-A 轮投资。

机器人与物联网市场前景最为广阔

STEAM 教育相关的产品包括机器人、STEAM 玩具、物联网、3D 打印与无人机五大类。中国市场上机器人教育机构超过 1000 家，可以分为进口系与国产系两大类，进口系数量最多，以丹麦乐高与韩国系 ROBOROBO 为代表，国产系以哈工大机器人、优必选、未来伙伴为代表。物联网产品提供者大多是国内公司，因其是新兴领域，未来市场需求较大且与公办学校合作密切，因此物联网产品将以较快的发展速度推广。从目标市场、课程体系、产品成熟度、发展潜力、应用限制等方面来看，机器人与物联网市场未来 5 年的发展将步入快车道。

	机器人	玩具	物联网	3D打印	无人机
公司数量	超过1000家	超过100家	超过50家	超过15家	超过5家
目标市场	学校、培训机构、个人	个人(低年级)	学校、培训机构、个人	学校、培训机构	个人
代表公司	LEGO ROBOROBO partner	Thinkfun 鲨鱼公园儿童大学 SHARKPARK.CN	新大陆 Newland PASCO	3D One 3D SYSTEMS	Makeblock FLYBRIX
市场特征	·进口系占主导，国产系暂无领导者 ·国产系在与公立学校合作时有优势，进口系通过培训机构开拓市场	·美国系产品众多，国产系开始崛起 ·面向低年级学生	·国产系与K12学校合作有优势 ·进口系与高等院校合作有优势	·国产系是设备的主要提供者 ·价格较高，通过出售设备获利，免费赠送软件	·国产系为主导 ·STEAM市场的应用仍处于探索阶段，仅少数公司向少数客户提供产品
课程体系	·已建立从幼儿园到高中的完整培训体系	·无完整课程体系，大多为个人家庭玩具	·配合课程项目的实验室 ·配合课程的材料包	·单个STEAM课程项目辅助手段	·少数建立无人机实验室
产品成熟度	高	高	较高	较低	较低
发展潜力	·机器人培训机构快速复制扩张	·针对幼儿，潜力有限	·新兴领域，成本可控	·采购者数量有限，家庭市场较难发展	·起步阶段，个人消费为主
应用限制	无	无	无	成本高	安全性

图 6－11　五大产品类型对比

资料来源：德勤研究。

机器人与玩具的产品成熟度最高。机器人已经形成完整的进阶式产品，针对各个学习阶段的课程均有相应的产品，包括拼装机器人、单片机器人与人形机器人。中国STEAM玩具引进并借鉴迪士尼、乐高等国际大型公司的产品优势发展较为成熟。而物联网、3D打印与无人机是近几年新出现的技术，在工业上的应用较为领先，引入教育领域的时间相对较短，因此产品成熟度相对来说较低。

目前最为完整的课程体系仍为机器人，包括ROBOROBO与未来伙伴在内的培训机构均能提供从幼儿园到高中阶段的全覆盖式课程培训，甚至有些机构专门开设针对国际性机器人比赛的专项培训课程。而玩具与无人机的主要用途为家庭娱乐玩具，物联网与3D打印则是配合辅助手段。

6.3.3 五大风险阻碍STEAM教育普及

STEAM教育处于早期探索发展阶段，仍需在一些领域做进一步完善以推动长期稳定发展，包括政策扶持、教学提升、资金帮助、家长理念及竞争日趋激烈五大方面。

（1）政策扶持。虽然STEAM教育在政府政策中屡次被提及，但目前仍缺乏系统性的规划与实施细节计划。若从顶层设计上就无法对其进行正确全面解读与本地化，中国教育工作者极有可能会逐步偏离正确的轨道。

（2）教学提升。STEAM教育跨学科的特征对教师的创新能力要求很高，接受传统教育培训的教师需要提升自身的技能以适应全新的教学要求。除此之外，可被重复使用与复制的STEAM课程短缺也是需要教育机构解决的重要问题之一。

（3）资金帮助。STEAM教育的推进需要大量资金投入。公立中小学极度依靠政府财政支持，因此，欠发达地区的公立学校难以满足持续增长的STEAM教育的需求。受制于成本压力，三四线城市的民办学校也面临着资金问题。

（4）家长理念。STEAM教育难以获得更多家长认可的一大原因在于缺乏评价标准与评估手段。相对于应试教育，STEAM 教育难以看到明显进展且有极大可能无法获取相对应的成果。此外，仍有一些家长期望通过 STEAM 性质比赛以期在应试教育中拥有优势。例如，家长支持学生去参加机器人大赛以期赢得奖项在高考中获得额外加分。

（5）国外教育机构进入，竞争日趋激烈。中国家长对教育的投入意愿居于全球前列，加之 STEAM 教育在中国获得政府认可，并呈现快速普及状态，国外优秀的教育机构正积极介入中国市场，如培生、乐高等国际化教育机构，行业竞争将日趋激烈。

案例：从创客工厂到突围 STEAM 教育的 Makeblock

Makeblock 成立于 2011 年，是一家基于开源硬件的开源机器人积木搭建平台，借助 Makeblock 提供的以铝质材料为主的金属积木和电子模块等，用户可以快速搭建出具有创意的机器人或者其他产品，并进行可视化编程。2012 年，Makeblock 通过美国的众筹网站 Kickstarter 获得融资 18 万美元，成为第一个在该平台成功融资的中国项目。通过孵化器大赛和在 Kickstarter 平台上的曝光，Makeblock 于 2013 年 6 月获得风投 300 万元，正式开始商业运作。2015 年获得红杉资本 600 万元的 A 轮投资，开始在国内市场拓展，随后于 2017 年 3 月，Makeblock 获得由 EMC（Evolution Media China）和深圳市创新投资集团有限公司领投的 2 亿元人民币的 B 轮融资。

Makeblock 成功的关键在于其采取了从创客市场到 STEAM 教育市场，再到大众消费市场的发展战略。在 B 端市场，其金属积木搭建平台和金属机器人套件走进学校，用来建设校园创客空间或者机器人实验室；在 C 端市场，Makeblock 的明星机器人 mBot 覆盖了几千个国内外的电商平台以及线下零售终端。公司成立伊始，Makeblock 是主要服务于创客市场的开源硬件提供商，主要市场在海外。随着国内对 STEAM 教育的重视程度不断加深和创客市场的局限，2015 年开始将重心转向国内 STEAM 教育市场，为公立学校和个人用户提供成体系的教育套件和科技玩具套件，现有的 STEAM 玩具产品包括 mBot 可编程智能遥控机器人、mBot Ranger 漫游者可编程教育机器人、模块化可编程无人机 Airblock 等。目前，Makeblock 已经进入国内千余所学校，校内收入占 2016 年国内营收的 70%，主要来自其明星产品 mBot。

Makeblock 目前的发展重点是国内的 STEAM 教育市场，主要通过以下四个方面进行突围：

（1）硬件优势。起初 Makeblock 是一家服务于创客市场的开源硬件提供商，在硬件上已经拥有一套比较完善的开源硬件平台，如各种科技玩具套件和可编程机器人，以及新开发的创新硬件，如神经元等。

（2）软件优势。Makeblock 力求通过软硬件的配合形成更好的用户体验，因此优化升级了几款通用软件，如将可视化编程软件 Scratch 升级为 mBlock，优化了微软的人脸识别技术等。

（3）内容优势。Makeblock 计划与 Artybright 合作共同研发针对 STEAM 教育的课程套件，其中将包括教师手册、搭建手册和学生使用手册等，同时也计划与教育部的研究中心共同出版创客类书籍。除了线下课程，Makeblock 也将录制自己的视频课程，在线上端打造专属的 STEAM 课程。

（4）渠道优势。Makeblock 计划通过产品之外的渠道进军 STEAM 市场，尤其是要发展其优势的机器人教育。主要通过打造大型的面向全国青少年的机器人挑战赛 MakeX 进军 STEAM 教育市场，从产品之外的维度推动科技创新。其旨在通过机器人挑战赛、创客马拉松和 STEAM 嘉年华等活动，面向全国青少年进行机器人文化输出，配合专业化的比赛器材、信息化的比赛系统和赛事设计，吸引学校、家长和青少年对机器人文化和 STEAM 教育的关注。

6.4 科技重新定义教育

未来的教育行业将持续被新科技革新，人工智能技术的出现推动教育行业迎来智能化浪潮，与此相伴的还有扁平化、数字化、立体化等发展方向。这四大趋势将体现在不同教育阶段的用户学习过程中，重构学习中各方主体联动关系，并提升教育效率和教育规模化程度，提升优质教育资源的可获取度，重新定义中国的教育形态。

智能化

智能化趋势的核心在于人工智能技术。人工智能是基于大数据采集和多维度识别系统，对数据进行智能处理，并通过互动界面与应用场景与人产生信息交互的一项技术。而该项技术的技术应用点在于接受用户数据，并进行分析和反馈。因此，人工智能技术能够实际应用于教育场景，与学习过程中的“教、学、练、评、测”五大环节相结合，利用其图像、语音等识别功能对问题进行分析，通过对数据的深度学习、自适应和计算，产生适合学习者的个性化解决方案和有效反馈意见。

扁平化

扁平化主要是指打通各个学习主体，使得学习资源直接从资源供给者达到学习者这一趋势。教育扁平化的第一种模式是公开课模式。该模式在早期借助互联网技术和录播视频技术得以实现，但由于线上学习与线下学习的体验差异，公开课模式并未彻底转变用户习惯；第二种模式为直播视频与APP移动端平台结合模式。直播视频和APP的出现，结合互联网教育企业的开放数据，将打通线上线下教育，真正提升学习即时感、互动感，将优质教育资源带给学习者，在真正意义上重塑未来教育。

数字化

数字化是一系列新兴技术在人群中终端消费者中的使用。这里需要区分的是，教育数字化不等同于互联网化，互联网化完全是由互联网新兴企业推进，数字化则是互联网技术对传统教育机构的技术化改进，依靠互联网企业和传统教育机构的共同合作。教育数字化包括两大场景，一是课堂内传统的教学工具、家校信息联通方式被电子化产品取代；二是课外学习材料与方式被电子设备改变，包括纸质学习资料被视频、应用程序、网站和游戏等数字设备取代，传统教学工具，如黑板，被电脑、平板电脑和交互式电子白板取代等。

立体化

立体化主要指教育科技将扁平化的知识变得生动、立体、可感的一大发展趋势。通过 VR、AR、3D 打印等技术将文字、图片等教育内容转变为可视、可感的立体场景。

(1) VR 虚拟现实通过模拟真实场景与教育结合，提升教学效果，AR 增强现实则通过将虚拟场景与真实环境相结合，模拟事物在真实环境中的形态。这两者与教育的结合，能够增强教育的可感知度，提升学习者对于知识的理解程度。但 VR、AR 等技术目前存在硬件成本、软件开发成本过高的问题因而难以在学校中大规模推广。网龙华渔教育从硬件、技术、内容三个层面入手，开发 VR 开放平台，其中 VR 教师工具已经得到了一些学校的引进使用，但推广程度并不高，距离大规模使用仍存在较大的差距。

(2) 3D 打印目前在教育领域的应用途径是通过引入多学科知识原理，让学生利用已有知识，针对既有问题运用编程系统设计解决方案，最终与硬件联动，让方案成型。3D 打印不仅仅是硬件系统，更需要编程制作反映软件与硬件的联动。虽然已经有产品进入部分学校，如太尔时代所研发的中小学 3D 打印技术整体解决方案已经在北京多所公立小学以及上海的一些小学与初中得到应用，但目前面向学校从事 3D 打印软硬件开发的公司并不多见，3D 打印技术仍然在工业领域应用更频繁。未来 3D 打印在教育领域或许可以着重于高职教育领域，使技术、研发与应用三者更紧密地结合起来。而在 K12 领域，由于 3D 打印与知识点难以紧密结合、推广成本较高，其在广泛应用前景上与 AR、VR 存在类似的困局。

第7章

娱乐融合

FUTURE REIMAGINED

7.1 融通共生的娱乐行业

技术的发展让娱乐行业发生了极大的改变。过去，行业内的各个子行业都没有太大的相关性，电影、电视剧、动漫、游戏等都在自己的一方小天地内发展壮大。随后，IP（Intellectual property 知识财产）概念的出现和 IP 衍生的发展让娱乐行业逐渐有了上下游产业链的概念，上游的文学与动漫培养和孵化各类 IP，中游的影视和音乐将 IP 的影响力放大并进行初步的变现，下游的游戏和其他娱乐衍生品帮助 IP 的价值得到进一步的提升和发展。

如今，各类创新的娱乐内容和娱乐形式持续不断地涌现，整个娱乐行业形成了一个融通共生的体系。网络电影、网综和网剧占据了越来越大的比例，直播和短视频带动了自媒体等网生内容的发展，数字音乐和在线演唱会成为音乐的下一个盈利热点，观众互动方式的增多和信息传播速度的加快也促进着娱乐行业的创新。这些变化推动着娱乐产业的发展，2017 年，我国整个娱乐产业的规模预计达 4800 亿元[①]。可以说，中国的文化娱乐产业正处在前所未有的大好时代。

---

① 面向文化复兴的文化融合动员力——“泛娱乐”战略报告 2017. 新华社瞭望智库，ChinaJoy.

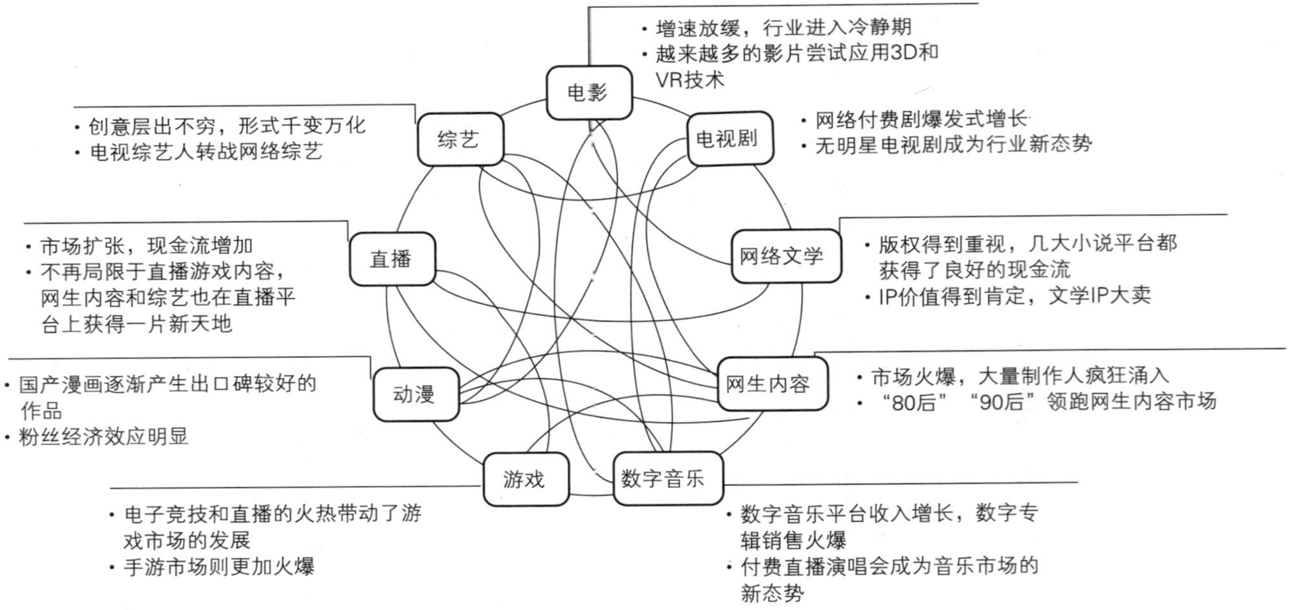

图7－1　融通共生的娱乐生态体系

资料来源：德勤整理。

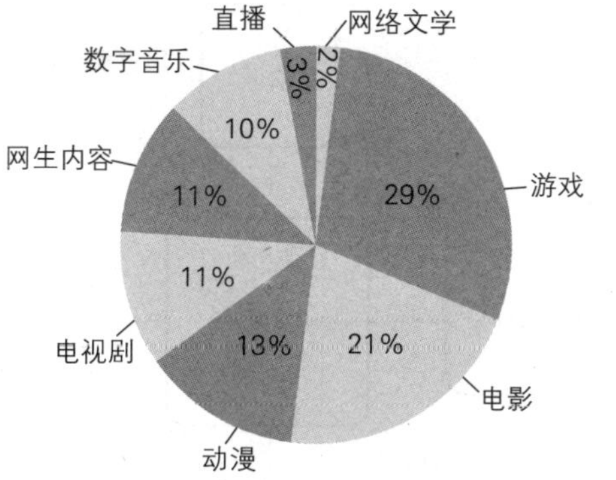

图 7-2　2016 年娱乐产业各子行业的产值比例

资料来源：艺恩咨询。

7.1.1　融合是常态，娱乐不再孤立存在

在融通共生的娱乐行业体系中，生产娱乐内容的人、娱乐本身的形式和内容，一切壁垒都逐渐被打破，都在互相融合。综艺节目借鉴了动漫视频中的弹幕效果，电影、电视剧开始大规模购买文学 IP，游戏开始以电视剧和电视节目为原型进行创作，音乐通过网生内容和综艺节目进行传播，直播平台开始制作综艺节目，综艺节目开始引入电竞元素，电商与网生内容融合创造出新型的娱乐内容，文学和动漫引入了自媒体的宣传方式。各种融合创新方式都是为了将更好的产品和创意呈现在大众面前。

IP 跨领域衍生

IP 的跨领域衍生便是从上游的文学与动漫培养和孵化各类 IP，到中游的影视和音乐将 IP 的影响力放大并进行初步的变现，最后到下游的游戏和其他娱乐衍生品，帮助 IP 价值进一步提升。近几年，网络文学作品已经成为 IP 跨领域生态的最前端，为整个生态源源不断地输送着内容和故事。许多文学 IP 都改编成了热门的动漫及影视剧，进而再向游戏等其他领域进行跨界价值变现。

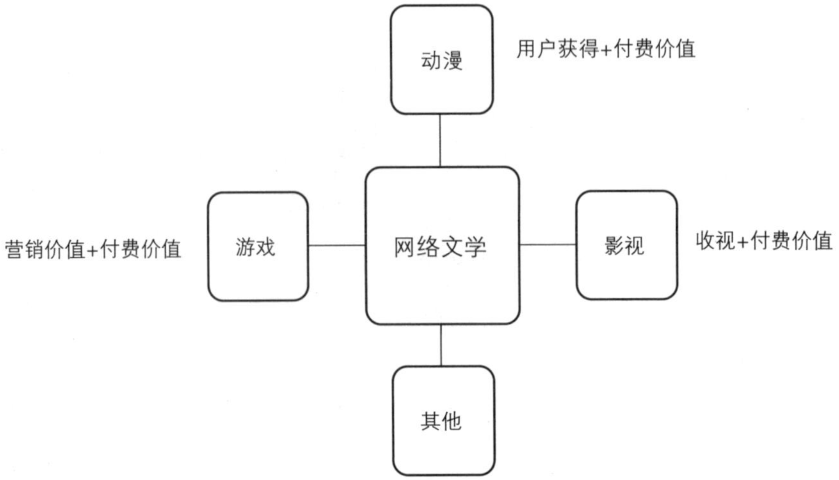

图7－3　网络小说的IP衍生结构

资料来源：德勤研究。

从上游到下游的IP衍生产业链是近年来娱乐行业最热门的融合创新方式。同样，一款优秀的游戏也可以反向衍生，从下游的游戏端衍生到中游的影视剧，再到上游的文学作品。例如，K社的知名游戏 *Clannad*，在大热之后又推出了同名动漫，依然引起了强烈的反响。再如由《魔兽世界》衍生出的大电影《魔兽》，也获得了成功的票房，吸引了国内众多魔兽老玩家观看，在中国的票房甚至超过了北美。

视频结合电商

IP的跨领域衍生链是围绕同一个IP，在娱乐形式上进行的创新。在娱乐内容上，创新的方式也十分丰富。其中，由于综艺节目的综合性和包容性更强，受众也更加广泛，许多的娱乐内容创新都率先应用于综艺节目之中。例如，引入ACG视频里的弹幕吐槽方式，引入电商的实时购物模式，引入从高校开始流行的辩论赛模式，引入线下传统桌游和线上电子竞技，等等。大部分综艺节目都可以直接在网络中收看，拍摄制作周期短，对于观众的反馈也更加及时。因此，综艺节目有意愿去尝试新型的娱乐内容，并根据观众反馈迅速调整自己的节目策划，在综艺节目获得成功后，这样的创新内容还可以向其他的娱乐子行业延伸。因此，在综艺节目中进行娱乐内容的创新，是娱乐创新中不可缺少的一个环节。

2016 年优酷播出的罗辑思维读书会，便引入了线上门票售卖与电商实时购物模式。依托于其阿里巴巴的股东背景，该节目真正实现了直播与购物同框，且中途无须跳转的视频电商融合。该节目的直播门票售卖额近百万元，并且其结合的电商在直播期间获得了超过 40 万元的销售收入，其中约九成的购买都来自于观看直播的观众。在该创新节目取得了一定成果后，优酷自频道又播出了罗振宇的私人藏书直播拍卖。10 本藏书中有 7 本通过直播完成了竞拍，最高单品的溢价高达原价格的 11866 倍。

游戏融合综艺

在直播带动了电竞行业的兴起后，许多综艺节目也开始尝试将电竞和游戏元素融入节目内容中。战旗 TV 依托自己本身的电竞直播平台，制作了 *Lying man* 这一款融合了电竞解说、线下桌游的综艺节目，开直播平台制作综艺节目的先河。盛天网络也启动了大型电竞明星真人秀节目“电竞 NEXT 计划”，邀请知名的职业电竞选手或明星作为梦想导师，为 SNL 优秀选手打造专业的成长通道。

同时，也有越来越多的综艺节目开发出了自己的游戏衍生。如，在《女神的新衣》中与时下热门的时尚换装手游《奇迹暖暖》，携手推出了“女神新装联合活动”。类似的，在《谁是歌手》《我去上学啦》等热门网络综艺中也有开发官方定制的游戏的行为，使品牌影响力和价值得到进一步提升。

制播合作

在娱乐内容和形式进行创新的同时，行业内的各个组织也不再是传统的完全竞争模式，而是悄然地开始了相互合作。在电影行业中，近年来逐步兴起了一种保底发行的模式，由制作方与播出方协商一个可以接受的票房，无论该电影是否能够得到该票房，制作方都应该按照拟定的票房向发行方进行分账。这样的形式吸引了许多金融界的投资。在电视节目中，从制播分离的改革以来，如何协调电台的制作播出方的利益分配一直是一个焦点。近年的综艺节目也采用类似电影保底发行的合作模式，由制作方与播出方共同投资，均分收益。

《中国新歌声》（原《中国好声音》）是率先采用这种利益分成方式的综艺节目。该节目的制作方是星空传媒下的灿星制作公司，播出方是浙江卫视。灿星与浙江卫视的新型制作播出合作模式是：共同投资、共担风险、共同招商、均分收益。这样的合作模式使得灿星能直接参与浙江卫视的广告分成，制作方的收益不封顶。如果节目很成功，广告价格翻倍，分成利益就越大。同时，制作方在制作的成本上就不会吝惜，为了获得更高的收视率，制作方会请到非常专业的明星和制作人员来制作。与电影的保底发行类似，灿星制作和浙江电视台也有一个约定的收视率，低于该收视率则由制作方赔偿，高出之后则是二者分红。

除此之外，制播双方还能够与节目嘉宾合作，共同分享节目收益。在《中国新歌声》中，没有采用传统提供打包报价或按场报价的劳务报酬模式邀请嘉宾，而是把整个导师团队和节目后期的市场开发捆绑在一起，导师在节目中的参与和投入算作投资。同时，选手签约以及签约之后的商业演出等项目都收归己有，导师也会得到相应的投资分成。因此，明星导师也会积极利用自己的资源帮助选手挖掘商业价值。

无论是电影的保底发行还是电台的制播合作，其核心都是创新性地运用了类似股权激励的模式，将各方的利益捆绑在一起，在激烈的娱乐内容竞争中做出更好的娱乐内容。

7.1.2 创新融合的另一面：观众的欣赏阈值逐步提高

观众欣赏水平提高

在融通共生的娱乐新体系下，各类创新创意层出不穷，娱乐形式、娱乐内容都得到了极大的丰富，其背后团体的激励机制也得到了完善和更新，这些变化的背后是规模不断扩张的娱乐产业。2011 年，我国娱乐产业的规模还在1800亿元左右，到了2017年预估将突破了4800亿元，增长幅度远超GDP的增速①。短短的五六年时间，线下影院的规模不断扩张，网络大电影也开始兴起，电视剧与综艺节目从电台放映变成了网络放映，直播和短视频更是凭空出现，变成了娱乐子行业的一员，娱乐产业的规模增长了近三倍，市场上的娱乐产品数量和质量都得到了极大的提高。

因此，娱乐行业的融合重构与其产业规模的不断扩张是相辅相成的。飞速发展的竞争市场迫使娱乐行业进行创新重构，而创新重构的产品又推动着市场不断地发展扩张。这对于娱乐行业的消费者而言是一件喜事。观众们所能接触到的娱乐形式更加丰富易得，也有更多高质量的娱乐节目可供观看，对居民生活的幸福指数也是极大的提高。随着我国人均可供消费的GDP突破了8000美元，消费已经逐渐成了经济的一大支柱，居民在欣赏着越来越丰富的娱乐内容时，也更加愿意为自己心中的高质量节目进行付费。

然而，这样的变化对于娱乐企业而言是一把“双刃剑”。一方面，娱乐产业的扩张和观众付费意愿的增强，会鼓励企业进一步创新，推出更多可能成为高质量的娱乐节目，相应的利润也会更加丰厚；另一方面，推出所谓“低质量”的娱乐节目代价也会更加庞大，观众被众多丰富高质量的娱乐节目所培养的欣赏水平提高，面对“低质量”的娱乐节目会更加冷漠，甚至拒绝付费。更为严重的是，“逆水行舟，不进则退”，在娱乐行业飞速发展的竞争市场上，一个盈利不高甚至失败的娱乐产品会造成企业市场份额的严重下滑，远远落后于同期进行了积极创新，推出了成功娱乐产品的企业。

市场竞争加剧

这一趋势在IP电影市场中表现十分明显。过去，IP电影作为电影

---

① 2011年的产业规模数据来自中娱智库：《2015年泛娱乐核心产业规模4229亿》；2017年的产业规模数据来自新华社瞭望智库，China Joy：《面向文化复兴的文化融合动员力——“泛娱乐”战略报告2017》。

市场的一个创新点，吸引了许多观众观看，很多电影的票房甚至超过了人们的想象，如《港囧》《夏洛特烦恼》《寻龙诀》《煎饼侠》，等等。随后，有越来越多的 IP 电影涌入市场，但对于观众而言，这一类型的电影已经不再是一个娱乐创新点，因此随后 IP 电影的票房十分惨淡。2016 年国产 IP 电影推出了 96 部，是 2015 年的 3 倍，但总票房与 2015 年却相差无几。

表 7－1　近两年国产 IP 电影数量、票房对比

年份	IP 电影数量	票房	部均票房
2016	96	97.97 亿元	3.38 亿元
2015	29	85.08 亿元	0.98 亿元

资料来源：艺恩电影智库，2016 腾讯娱乐报告。

同时，《美人鱼》《港囧》保底发行的成功案例也使得近些年保底发行的电影数量增多，从 2014 年的 3 部上升到 2016 年的 10 部，但失败率也是居高不下。2015 年与 2016 年共计 15 部电影都采用了保底发行的形式，但只有 4 部电影保底成功。其中，知名的大 IP 电影《叶问 3》保底票房 10 亿，实际票房 7.7 亿的保底失败事件极大地震动了行业。随之而来的保底发行失败的 IP 电影《致青春 2》《栀子花开》《夏有乔木雅望天堂》等更是加大了 IP 电影的颓势。从 2015 年以来一些不太成功的 IP 电影案例中可以发现，IP 电影几乎没有“票房底线”，很难依靠原有的热门 IP 动员起粉丝的票房，无论是明星阵容、好档期还是一线发行公司，都无法挽救 IP 电影的颓势。2017 年独辟蹊径获得成功的《战狼 2》，突破了 55 亿元的票房更多依赖的是观众对电影和制作人本身的认可，而非其原有 IP。

在 IP 手游市场中也是类似的情况。过去依靠 IP 手游的概念，曾经带动了一大批手游的火爆，如《梦幻西游》《大话西游》《剑侠情缘》《征途口袋版》等。2015 年，《花千骨》手游创下月流水 2 亿的奇迹，更是引爆了 IP 手游的热潮。然而，在玩家的新鲜感过后，再次依托 IP 概念推出的手游就不再受市场的好评了。反而是一个更加具有原创性和创新性的非 IP 手游获得了更大的成功，如《王者荣耀》《永恒纪元》

《战地指挥官》等。

对于跟随IP热潮推出电影和手游的大部分内容公司而言，IP衍生是一个理想中的市场概念：借助原著强大的粉丝群体，轻松实现变现。基于一个IP同时推出多种形式的内容，无疑将制造更大的热点，节约宣传费用，这就是所谓的“影游联动”。

然而，这一理想概念能够实现的前提，必须是粉丝买单。但在激烈竞争的娱乐行业中，每天都有无数的创新性娱乐产品去讨好观众，仅仅依托原有IP的概念是完全无法获得粉丝黏度的。许多调查结果也表明，对于粉丝是否会为热爱的IP衍生品买单，最重要是看衍生品本身的质量。换言之，在竞争激烈的市场中，几乎没有娱乐产品可以走捷径去赚取盈利，任何获得成功的娱乐产品必定在产品本身的某一方面有着足够吸引人的特点。这也是融通共生的娱乐行业中对所有娱乐企业提出的严苛要求。

7.2 娱乐发展模式多元化

7.2.1 由内向外：从IP入手发展“粉丝经济”

在机会与挑战并存的娱乐行业，许多企业也根据自身的特点，调整自己的发展模式，以更好地适应行业发展。其中，信息传播的便利性为很多的自媒体和IP提供了发展空间，在已有的粉丝基础上，这些自媒体和自有IP也开始大批量地涌入娱乐行业，成立企业进行发展。其中很多这样的企业都选择了在原有IP和粉丝的基础上，围绕着粉丝经济进一步发展IP内容和相关衍生品，这一发展被我们称为由内向外的发展模式。

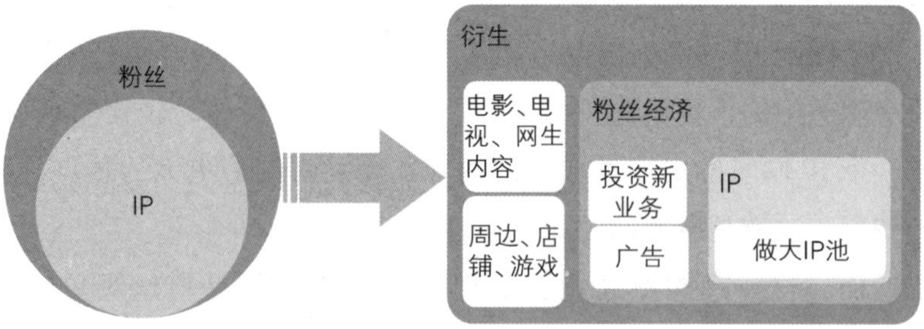

图 7-4 由内向外的发展示例

资料来源：德勤整理。

草根团队

对于从互联网传播发展出了粉丝的草根团队而言，其 IP 在创作初期可能并没有考虑太多的营利性，许多人靠着单纯的分享和娱乐精神去制作自己的 IP 并吸引到了一部分粉丝。随后，当他们的粉丝达到一定程度或者他们开始希望向营利性发展时，往往会顺势而为地在已有粉丝的基础上发展粉丝经济，而后再迈入更广阔的市场。

papi 酱的发展便是一种由内向外的草根团队发展模式。其在 2015 年以一个大龄女青年形象出现在公众面前，以短视频吐槽和调侃各类生活事物的形式迅速走红网络。随后，papi 酱开始尝试进行商业化盈利，在 2016 年 4 月，以拍卖的形式售卖其第一次广告，最终以 2200 万元卖出。随后，papi 酱成立了 papitube 工作室，除了仍然由 papi 酱定期发表短视频，还引入了许多新的短视频创作人和创作组合，根据自己的个人风格和创作在 papitube 平台上发表短视频，papi 酱本人也会利用其微博的影响力宣传这些创作人的一些热门短视频。

对于粉丝而言，每周能够免费看到更多有趣味的短视频，而且随着创作人的优胜劣汰和不断进步，短视频的质量也在不断提高，间接地帮助 papi 酱工作室增加了粉丝黏性。这也是在激烈竞争的市场环境下，papi 酱能够持续爆红的一部分原因。

可以发现，草根团队的发展模式往往都在保持自己 IP 的独特性和创新性上花费了非常多的精力。同时，也十分重视自己的粉丝，除了积极保持和粉丝的互动，往往并不会直接对粉丝进行收费，而是通过广告收入获得盈利。

较成熟的制作团队

与草根团队相反，较为成熟的制作团队往往会更有底气地对粉丝收费，在前期就可以利用自己已有的成熟资源创造出能部分盈利的 IP，随后再扩大生态，形成更好的盈利模式。由较为成熟的制作团队所打造的综艺节目《爸爸去哪儿》，就是一个很典型的案例。该节目在制作过程中，可以调动湖南台制作团队的优秀力量，因此从播出起就是一款非常成熟的娱乐节目，与草根团队逐渐完善 IP 内容不同。同样，在节目播出期间，也可以借助制作团队背后的湖南台资源进行宣传，如节目中的嘉宾在节目播出前后参加《天天向上》和《快乐大本营》等节目做宣传。这样成熟的制作团队所制作的 IP，便可以在制作之初就获得盈利。

但如果希望这个 IP 能够发挥更大的价值，还是需要对该 IP 进行进一步的衍生发展。在该节目拥有一定的粉丝基础后，制作团队又先后在电视端制作了相关的幕后花絮节目《和爸爸在一起》；视频端衍生出了《星妈的萌料》《扒扒爸爸看爸爸》《听爸爸的话》三档小综艺和《妈妈是超人》的收费视频节目；电影院线端制作了《爸爸去哪儿》的大电影；游戏端制作了相关的手游；这些相关的娱乐产品都会由节目中人气较旺的嘉宾进行代言，形成完善的产品体系，撬动整个 IP 的粉丝经济，以此获得更多的收入。

类似的案例还有《奇葩说》，该节目也是由成熟制作团队所制作的网络综艺节目。在制作完《奇葩说》第一、第二季节目，拥有了大批量粉丝后，制作人马东离职爱奇艺，成立公司米未传媒，并围绕《奇葩说》IP 打造“互联网内容垂直生态系统”。该生态系统分为三个坐标轴，X 轴代表米未业务线中最重要的内容生产：节目《奇葩说》《奇葩来了》《拜拜啦肉肉》《饭局的诱惑》《黑白星球》；Y 轴是内容衍生的上下游业务，有网生艺人的经济业务，如《奇葩说》中的辩手马薇薇、肖骁等已成为公司艺人，有知识产品类服务，如由马东领导的《奇葩说》辩手胡建彪、马薇薇、邱晨、黄执中等开播的付费课程《好好说话》（上线一天销售额破500万），还有经营一些趣味商品的米未小卖部；而Z轴则是米未的投资业务，目前米未传媒投资了两个新生团队，现已开始筹备全新网综节目《吃光全宇宙》。

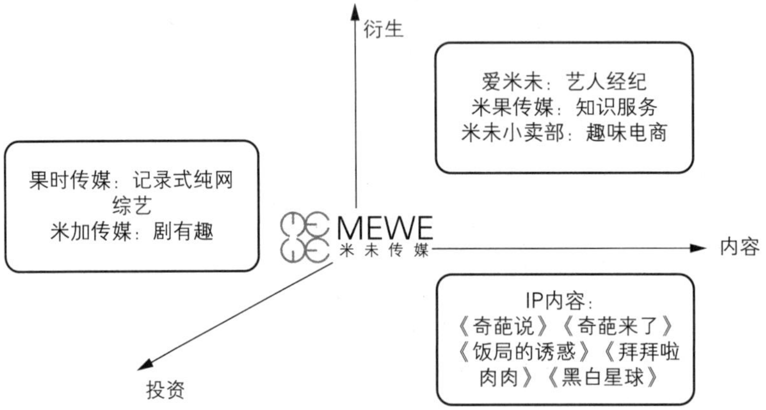

图7-5 米未传媒的生态系统打造

资料来源：公开信息整理。

7.2.2 由外向内：从平台转向IP制作

由外向内的发展模式则是从平台转向IP制作。Netflix便是一个典型的例子。它由在线影片租赁起家，发展成为一个视频平台。随后，在应对美国不断发展的娱乐行业时，将自身的经营重心转移到了流媒体业务上，从2012年起不断推出一系列高质量的自制内容，并且非常重视用户的评价与口碑。最经典的《纸牌屋》，就是其根据用户的偏好调查设计该网剧的题材、背景和邀请的演员名单，再寻找编剧和制作公司进行制作，从推出就获得了极大的收视率。目前，Netflix已成为全美流媒体用户数最多和全球付费用户规模最大的视频网站。

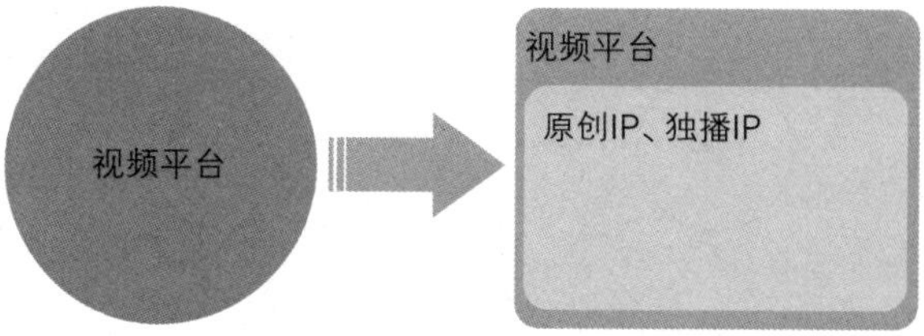

图7－6 Netflix 发展模式

资料来源：德勤研究。

Netflix 转型后发展的重点是向用户提供优质丰富的“独播＋原创”内容和高质量、无广告、多终端播放的在线正版视频服务。其视频平台端唯一的收入来源为用户订阅费，并连续多年实现盈利。持续的盈利为购买投资优质内容、实现版权自控等方面提供了资金保障，形成了一个可持续发展的经营模式。由于 Netflix 在发展原创 IP 和独播 IP 时，会深度参与到内容制作中，因此在行业内有极高的话语权与议价能力。其海量的用户数据为其提供了用户偏好数据库，在深度挖掘这些数据的情况下，Netflix 能够提升推荐影片的接受度和被点播影片数量，完善用户体验。

另一个由外向内的发展案例则是老牌的娱乐公司迪士尼。迪士尼的发展历史非常长，在这个世纪，迪士尼已经建立了围绕着经典迪士尼 IP 如米老鼠、唐老鸭、白雪公主等发展 IP 衍生体系，涵盖了电影产业、电视产业、游戏产业、音乐产业、旅游业、出版业、互联网业等多产业，并且拥有媒体网络、影视娱乐、公园度假区、消费产品、互动娱乐五大板块。

在面临行业变化时，迪士尼选择了丰富其 IP 内容，并将新的 IP 继续在原有的 IP 衍生产业体系中进行发展。其通过收购皮克斯、漫威、卢卡斯影业，拥有了美国队长、钢铁侠、星球大战等英雄主角 IP，并不断地通过自有的制作团队制作新的 IP，让自己拥有的 IP 能够覆盖到更广泛的年龄层和喜好。如今，迪士尼已经是全球最大的娱乐传媒公司，市值约 1766 亿美元。

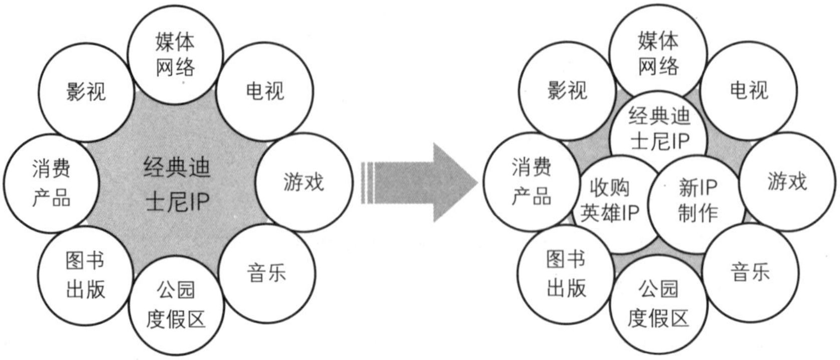

图7-7 迪士尼的发展模式

资料来源：德勤研究。

从迪士尼的营业收入构成中我们可以发现，其衍生品业务收入占其总业务收入的85%，是影视娱乐业务收入的5倍多。例如，《玩具总动员3》在全球上映收获了11亿美元票房，而围绕IP开发的游戏、图书、DVD、版权授权等全面的商业开发则为迪士尼带来了87亿美元收入。这种特点也是整个美国娱乐业的现状，美国电影票房市场为100亿美元，而仅动漫衍生品市场就高达900亿美元，是电影票房市场的9倍，有着巨大的“杠杆效应”。

由外向内的发展模式通常建立在外围的IP衍生体系已经非常成熟的情况下，从国内的视频平台发展来看，多数会同时采用由内向外和由外向内两种发展模式。由内向外建立IP的衍生产业；由外向内则借助本身平台的优势去进行自制IP和独播IP的创作和发展。目前最大的中国视频网站爱奇艺，就是采用了这样的发展模式。

案例：从视频平台到大版权生态——爱奇艺

爱奇艺，是2010年4月由百度投资成立的正版高清视频网站，秉承“悦享品质”的理念，坚持用户体验至上。近年来大力推进自制内容与付费会员服务的建设，成功构建起覆盖文学、电影票、电商、游戏等业务的视频商业生态。目前，爱奇艺已在市场份额、付费用户等方面位居中国视频网站行业第一。在中国移动互联网 APP 日活跃度榜单上，每日接近 2 亿用户访问量的爱奇艺排名第 3，而前两位则是腾讯的微信和 QQ。此外，截至 2016 年 6 月，爱奇艺有效 VIP 用户 2000 万户，较一年前激增 4 倍。

近几年，爱奇艺大力发展自制内容建设以强化内容的品质和品牌的差异化，通过自建内容制作团队、成立工作室、与专业影视机构合作等形式吸引优秀人才，建设优秀内容。目前爱奇艺不仅拥有《盗墓笔记》《老九门》《余罪》《最好的我们》《灵魂摆渡》《河神》等知名自制网剧以及《太阳的后裔》《楚乔传》《我的前半生》等诸多头部版权剧；还有自制综艺和版权综艺，如《中国有嘻哈》《奇葩说》《奔跑吧兄弟》《我去上学啦》等。

同时，爱奇艺还推出了全新升级的爱奇艺“悦享营销”模型，并在全视频行业内率先发布了视频信息流广告战略。“悦享营销”新模型包括了“一核五弹”的全方位营销解决方案，即以 IP 内容为启动内核，包括了 IP 软植入、IP 衍生、IP 跨界、O2O 兴趣流、IN 广广告等五大营销方法论集群，全面整合优质行业资源推动商业价值裂变。为优质内容省去传统播出渠道复杂的发行过程，提供良好的发展平台并使其获得商业分成，形成了“广告 + 付费会员 + 衍生产业”的多样化盈利模式。

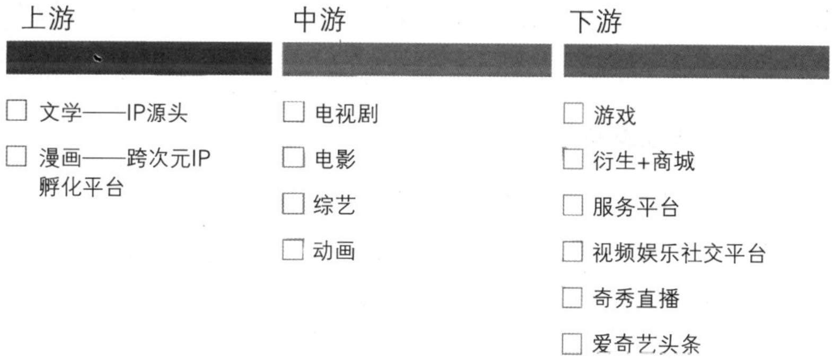

图 7－8　爱奇艺——以影视为核心的 IP 生态链

资料来源：爱奇艺，德勤研究。

这一发展模式为爱奇艺带来了更好的市场竞争力。爱奇艺本身开放式、用户体验良好的访问管理就吸引到了一定数量的忠实用户，而继续发展出的丰富 IP 自制内容能够继续为爱奇艺带来更多的用户和会员数量。庞大的观看人群能够提供不同用户观看偏好，根据这些信息，爱奇艺还能够灵活地调整每日首页推荐的内容，调整自制 IP 的推荐和播出信息，甚至制作出更符合用户偏好的娱乐内容。同时，在自制 IP 的制作中，共赢的激励方式也使得爱奇艺的自制剧和自制综艺拥有超高的质量和良好的口碑。

7.3 娱乐行业的想象空间

7.3.1 科技为娱乐产品插上翅膀

娱乐生态体系能够得到如此快速的发展，除了其融通共生的行业体系，与科技的发展也脱不开关系。网络和移动设备的发展加快了信息传播的速度，娱乐内容的传播更加便利和快速，网生内容占据了娱乐行业重要的一个部分。观众互动方式和形式的丰富也让很多创作者转换了制作人和观众的角度，开发出更有创意的内容。粉丝价值出现在人们的视野之中，也催生了 IP 衍生品的出现。种种科技的发展都为娱乐生态的产生创造了条件，并与融通共生的娱乐体系共同促进着娱乐行业的发展。

手机应用飞速发展

2016 年第四季度，中国 iOS 应用商店收入已超过美国市场，规模跃居全球第一。在热门应用收入排名中，位居前列的类别依次为游戏、社交、娱乐、图书、摄影与录像。截至 2016 年 12 月，国内移动互联网用户已经超过 6.95 亿，每用户每月平均使用应用数近 40 个，用户的移动互联网使用习惯已趋于成熟。

手机的普及性为手机应用的发展奠定了基础。在此基础上，视频网站纷纷推出了移动客户端，游戏商推出了各类手游，短视频也开始迅速流行。手机应用能够让人们充分利用碎片时间进行娱乐事项，因此极大地促进了娱乐产业的发展。过去的电视节目局限在固定的时间用固定方式收看，但如今却可以随时随地使用手机观看各类节目。观看时间的增加促进了各类网剧、网络综艺、网络电影的发展。能更加充分地利用碎片时间的手游同端游比较也获得了更好的营利性。

直播与短视频热度上升

与手机应用兴起的原因类似，直播和短视频也能够让人们随时随地进行观看。不同的是，直播与短视频还必须在网速提升到一定程度时才能够流行起来。伴随着光纤入户，各类直播平台纷纷建立。从传统的网页版直播平台到手机端直播平台，再到嵌入社交媒体的直播形式；从签约电竞选手做游戏直播的斗鱼、战旗和虎牙平台，到人人都可以成为主播的快手平台，再到淘宝内嵌的直播宣传形式，直播和短视频伴随着热度不断上升，行业内进行了非常多的创意和创新。

在直播和短视频的娱乐形式出来后，弹幕文化和观众互动也被大家广为关注。传统的娱乐项目纷纷下海，用新的娱乐形式和新的互动方式，尝试着更具有创造性的节目内容。湖南卫视的大型少女团体综艺《夏日甜心》就是尝试将电视综艺与直播挂钩，成为中国第一档用“直播”打开综艺的电视节目。这一直播 + 综艺的模式受到了观众们的喜爱，首播收视 1.26%，位于同时段第一，在当晚热门话题榜总榜、疯狂综艺季榜单、热门话题综艺榜等微博重要榜单上都占据第 1 名。

直播平台也同样不甘落后。熊猫 TV 出品的《hello！女神》是国内首档女神真身互动养成秀，采用直播 + 点播的形式在熊猫 TV、芒果 TV、腾讯视频播出。5 名女神将通过层层考验出道成名，成为人人都可以见面的女神综艺团体。

斗鱼与马东团队打造的首档直播综艺节目《饭局的诱惑》则更加体现了观众创造内容的特征。在节目直播的过程中，马东会根据观众反馈的弹幕信息，对节目中的一些环节进行调整，每个观众都是节目的导演，决定着直播节目的走向。这种参与感，是以往的综艺节目所不能给予的。同时，这样的直播综艺也拓展了直播内容的边界。此次《饭局的诱惑》是斗鱼泛娱乐布局中打造综艺孵化器的重要一步，也是对传统节目的一次变革。如果直播平台能成功推出综艺节目，形成综艺孵化器的模式，或许会成为综艺市场的一种全新模式和机会。

3D 技术和电子设备促进创新升级

在线下，电子设备和 3D 技术的发展，还促进了影院的创新升级。2017 年以来，博纳影业、幸福蓝海等公司均加快了 IMAX 银幕签约覆盖，金逸影城在设计主题影院、打造观影新坐标方面已颇有成效，万达院线则无论在设备升级、资源整合、横向合作各个方面都继续领先于行业。电影《爵迹》还采用了三维扫描系统，将真人扫描形成 1∶1 的 3D 数字人物，这样的技术也广泛运用在了《阿凡达》系列、《蜘蛛侠》系列、《星球大战》系列等好莱坞电影中。

表 7－2　影院及设备公司创新升级浪潮

公司	技术设备升级事件
万达院线	首部 ScreenX 进口片上映
	RealD 6FL 认证影城达 100 家
博纳影业	新增 30 家 IMAX 影院
幸福蓝海	签约 40 家 IMAX 影院
IMAX、华纳	联手开发 VR 影片内容
SoReal	大型 VR 主题乐园开业，将好莱坞热门 IP 进行 VR 创作
洛杉矶环球影院	升级可调整座椅、杜比环绕立体声、放映系统等
百事通数字院线	在国内布局 500 多家数字影院
金逸影视	IMAX 屏达 400 块

资料来源：公开信息整理。

2016 年，李安新片《比利·林恩的中场战事》率先启用 120 帧/4K/3D 新技术，截至 11 月 30 日，内地票房 1.59 亿，是北美票房的 13 倍，全国仅 2 家影厅可放映，产出占国内总票房的 17%。

尽管各种原因使得 2016 年以来电影产业稍显低迷，但跟随科技发展的脚步却没有停息。创新性的产品并不一定能盈利，但故步自封更无法取得成功。科技发展之所以能够促进创新性的娱乐产品出现，恰恰也是因为娱乐产业本身就充满了创造性。

7.3.2 游戏竞技大爆发

2016 年，我国电竞市场规模达到 505 亿元，在游戏总收入中占比已达到 30%①，电竞用户在 1.7 亿人左右（占全球比重 50.7%）。无论从参赛人数、观众规模还是媒体热度等方面来看，我国都已经成为全球电竞产业最具潜力的市场。

手游市场也同样呈现爆发性增长。2015 年 FPS（First-persom Shooting Game 第一人称射击游戏）手游《全民枪战》上线，MOBA（Matiplayer Online Battle Arena 多人在线战术竞技游戏）手游《乱斗西游》公测，2016 年体育总局举办首届移动电竞赛事。高黏度的重度游戏（特别是 MOBA）是电竞高速发展的先决条件。无论是移动端还是 PC 端，游戏类型都历经 FPS、RTS（Real-Fime Strategy Game 即对战略游戏）向 MOBA 的发展，即朝重度游戏演化的进程。

电竞的火热也吸引了大量资本进入，赛事奖金上涨明显。在 2011 年 DOTA2 国际邀请赛中，冠军 Navi 赢得 100 万美元奖金，这是电竞史上首次出现百万美元级别的奖金；2016 年 DOTA2 国际邀请赛总奖金 2074 万美元，再次刷新了电竞赛事总奖金纪录。2015 年全球电竞赛事奖金高达 7100 万美元，同比大幅增长 97%，其中美国与中国的赛事奖金已超越韩国名列前两位。电竞赛事奖金的大幅增长，从侧面反映了整体电竞市场的飞速发展。其中 DOTA2 项目的总奖金已超过 NBA 季后赛等传统竞技体育赛事奖金，位居全球体育赛事前列。

电竞用户消费水平渐升

电竞在我国拥有广泛的用户基础，其影响的“85 后”逐渐成为社

① 中国音数协游戏工委，伽马数据（CNG 中新游戏研究），国际数据公司（IDC）：《2016 中国游戏产业报告》。

会中最活跃的互联网用户群体。电竞用户中 80% 是 18 ~ 34 岁的年轻群体，普遍喜好 MOBA 和枪战射击类游戏，平均月收入 6380 元（高于互联网用户平均收入 4648 元），具有较强的消费潜力。超过 50% 的用户日均移动游戏时长大于 30 分钟，71% 的用户日均观看游戏直播超过 1 小时，用户黏性明显高于其他视频。

电竞爱好者通常是全职及高收入人群，通常在泛娱乐及游戏相关的产品消费支出更多；具有用户付费习惯，更愿意用户付费。在美国的电子竞技爱好者中，31% 的粉丝一年在硬件上的支出超过 600 美元，几乎 4 倍于普通的游戏玩家①。随着支付体系的日趋完善，目前用户在电竞特别是移动电竞方面的付费习惯逐渐养成。例如，手游电竞玩家的主要消费额度集中在 51 ~200 元。随着未来移动电竞产品的丰富化，用户消费水平有望大幅提升，未来电竞市场增长空间可观。

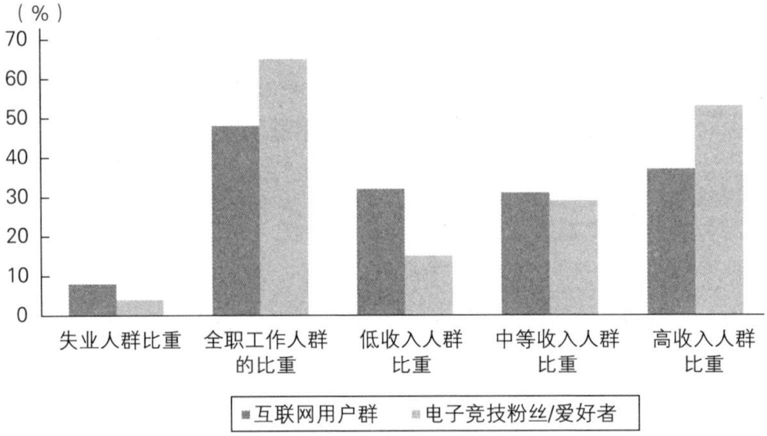

图 7 -9　电子竞技的用户背景调查

资料来源：Newzoo（2016 年 3 月）。

① 数据来源：Newzoo.

直播平台营业模式趋于成熟

职业赛事、直播平台、知名主播是电竞行业中的几大核心单位。赛事是电子竞技对抗性和观赏性的集中体现，能够在短时间内聚集起用户的大量关注度，对游戏生态的成熟产生了巨大的推动力。目前，电竞赛事仍以重金营销、占领用户为主，对于赞助商的依赖较强。未来，单项赛事或将取代综合赛事成为主流，众筹等新型模式有望创造性开拓赛事收入来源。

2016 年，中国游戏直播用户规模突破 1 亿。游戏直播平台用户的快速增长，与越来越多的游戏参与到直播中来有关。此外，iOS 开放直播功能，为移动游戏直播带来了便利性，并推动游戏直播用户的进一步增长。

直播平台的流量变现模式已经较为成熟，一种是流量变现，如虚拟道具付费、电商、广告等。另一种是内容变现，如赛事竞猜、会员订阅、增值服务等。其中流量变现是主要的变现渠道，虚拟道具是各大直播平台最主要的盈利来源。同时，电竞本身“内容为王”的特性使得直播平台对主播资源的抢夺呈现白热化趋势。随着泛娱乐化和 UGC（User Generated Content 用户原创内容）的崛起，直播平台的发展前景越发令人期待。为了迅速占领市场，国内大多数游戏在线直播平台还处在大量投入的阶段，其中一方面主要投入在于带宽。例如，虎牙在 2015 年带宽的预算就高达 2.6 亿元，平均每月 2000 多万元。另一方面的投入在于游戏主播。游戏直播与视频产业类似，本质是对内容的争夺，对主播的互相争夺使得优质主播身价水涨船高，一线主播年薪达到千万元级别。面对带宽投入、主播薪资等成本日益增加，以大投入占领市场的直播平台亏损成为常态。

电竞的未来发展不可限量

电竞的娱乐属性远远高于传统体育项目，其泛娱乐化潜力还未被完全挖掘。电竞和娱乐产业共同面向的年轻用户群体重合度非常高，依托年轻人为主的庞大用户群体，电竞朝泛娱乐化的发展目前主要有两种方式：一种是电竞内容以真人秀等娱乐形式呈现，如《加油！DOTA》，*Lying Man*；另一种是由职业选手或主播出现娱乐节目。此外，娱乐明星也通过直播电竞游戏或代言赛事参与电竞，促进了电竞和娱乐借势发展、互相增强影响力。随着网络技术的发展，作为传统各媒体渠道电视端的影响力逐渐减弱，网络直播成为电竞新的媒体出口渠道，并为游戏直播平台的内容发展创造新模式。相信在未来，电竞行业也会继续维持高速增长。

案例：率先扛起电子竞技大旗——斗鱼 TV

斗鱼 TV 是一家弹幕式直播分享网站，为用户提供视频直播和赛事直播服务。斗鱼 TV 的前身为 ACFUN 生放送直播，于 2014 年 1 月 1 日起正式更名为斗鱼 TV，以游戏直播为主，涵盖体育、综艺、娱乐等多种内容。

2014 年，游戏赛事在国内的火热对斗鱼的崛起起到了推波助澜的作用。斗鱼最初将核心放在 LOL（英雄联盟）和 DOTA 上，正好赶上了这一波浪潮。斗鱼在 2014 年 3 月推出了“王者之路”活动，只要符合拥有斗鱼 TV 前缀的 ID、在斗鱼平台独家直播有效排位赛局数 70% 并最终在 LOL 国服获得“王者”称号就能获得最低 1 万元最高 20 万元人民币的奖励。这一活动给斗鱼带来了巨大的推广效应和流量。

随后，斗鱼签约国内知名解说、退役选手与在役选手，2014 年 10 月千万级别的签约价格震惊整个电竞圈，也就此打开了游戏直播网站的烧钱局面。从 2014 到 2015 年，斗鱼持续赞助多个战队，与各种直播赛事合作，凭借对核心内容资源的先发垄断，迅速积累起自己的用户群体。并在建立起主播的集聚效应后，利用顶级主播的导流效应，扶持更多的“民间高手”成长，减少对于头部主播的依赖性，凸显平台规模性。

斗鱼 TV 的互动模式形成了一种网络促进的模式。用户与主播在直播平台上通过弹幕和直播礼物进行互动，在直播平台下还可以通过主播个人的社交账号进行互动，主播可以分享自己的生活，用户也会向主播反馈自己的观看感受；知名主播本身就是游戏公司的消费者，借助直播时的影响力，还可以把自己对于所玩游戏的诸多评价传达给游戏公司；很多游戏公司也看到了直播的巨大影响力，会自己作为广告主，选择主播进行新游戏试玩和宣传，进而影响到用户消费。用户、主播、广告主和游戏公司能够在整个直播平台上不断进行互动，根据反馈的信息还能够实时地调整自己的行为，几大主体积极互动，相互促进，使得直播平台上的内容越来越丰富，也能够吸引到更多地参与方加入，继续为平台带来活力。

7.3.3 全民付费时代开启

2015 年，包括海外剧在内，我国视频网站上共有 36 部付费剧播出。2016 年，这个数字变成了 239 部①。视频网站正逐渐培养起年轻观众为内容付费的习惯，而这个习惯的养成，也可能是在为一个新时代拉开序幕。移动支付的迅速发展有效地方便了消费者进行线上支付，同时还连接了线上与线下的消费场景，增添了消费的社交属性。同时，国家对版权保护的力度也在不断加大，版权保护进一步严格，打破了之前的完全免费模式。

上述各种客观条件都为付费创造了良好的土壤。事实也表明，近年来我国内容付费产业快速崛起。视频、文学、音乐等行业的用户消费水平逐年提高。其中，游戏行业由于能够更好地代入用户情感，用户黏度高，沉浸性好，故付费模式更容易建立，也是最重要的用户付费内容类型，用户平均付费金额也非常高。近年来创下用户付费纪录的手游《王者荣耀》，在其上线后活跃用户数量就不断增加。2016 年 12 月，腾讯公布《王者荣耀》日活跃用户数量突破 5000 万，2017 年 2 月的春节期间超过 8000 万，刷新了手游的纪录，2017 年第一季度的用户付费收入更是超过了 30 亿元。

我国的影视视频付费热潮也在近几年迎来爆发。2015 年，爆款纯网剧《盗墓笔记》，以 27.9 亿的超高网播量独占 2015 年度网剧之巅，

---

① 2016 腾讯娱乐报告.

是中国第一部采用会员差异化排播模式的网剧，仅用22小时就为爱奇艺带来破亿流量。2016年，爆款大剧《青云志》《锦绣未央》《欢乐颂》《微微一笑很倾城》《老九门》等网络播放量均破百亿，将视频付费又推向新高潮，截至2016年底，付费会员总数基本达到约7500万人（艺恩咨询统计估计）。整个2016年付费网络剧数量同比大增560%至239部，网络电影同比增260%超2500部。

同样的增长态势也发生在音乐和网络文学领域。随着正版化运动的推进，以及用户付费意识的逐渐形成，付费率将继续提升。

案例：付费时代的王者——腾讯

从社交平台上的游戏窗口发展到如今的泛娱乐矩阵，腾讯在娱乐领域的发展十分抢眼。其在游戏领域是当之无愧的收入王者：端游方面，腾讯经营了中国前三大端游，其中2016年《英雄联盟》在全球所有个人电脑客户端游戏中收入排名第1[①]。在手游方面，根据AppAnnie的统计，腾讯在iOS系统上是全球游戏畅销排行榜中排名第一的发行商。

在数字内容方面，腾讯凭借超前的泛娱乐思想提前布局，也取得了较大的成功。在线视频平台中，腾讯视频的付费用户数已超过2000万，其自制内容如《鬼吹灯之精绝古城》《如果蜗牛有爱情》也取得了初步成功。数字音乐方面，腾讯还拥有国内最大的在线卡拉OK社区《全民K歌》，且日活跃账户超过了3500万。在动漫文学领域，腾讯动漫拥有最多正版授权和独家动漫，阅文集团输出了《步步惊心》《鬼吹灯》《盗墓笔记》《琅琊榜》《择天记》等超人气IP。再加上最新成立的腾讯影业和腾讯电竞，腾讯的泛娱乐布局必将率先享受全民付费时代的红利。

腾讯在保护版权、购买版权上也花费了大量的精力。腾讯体育购买了诸如NBA等大量体育赛事的独家转播权，腾讯动漫拥有最多的日韩动漫版权和许多国漫的独家版权，其收购的盛大文学产出了非常多的知

① SuperData.

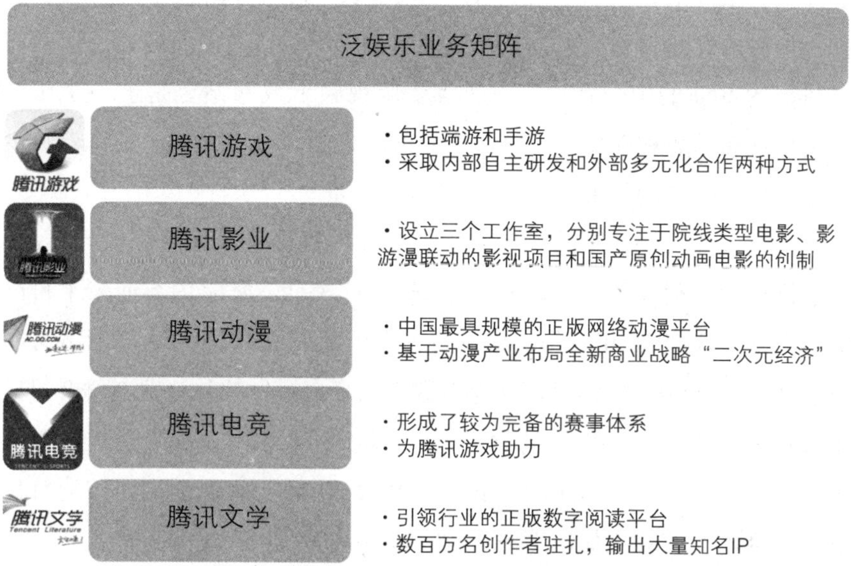

图7－10　金融科技对金融服务业进行生态圈重构：腾讯的泛娱乐矩阵

资料来源：腾讯。

名 IP 作品，而腾讯旗下营利性最好的自研游戏制作团队（天美工作室）也鲜少有跳槽事件。在端游代理上，腾讯更是拿下了全球排名前 3 的游戏《英雄联盟》《穿越火线》《地下城与勇士》。

保护版权的行为为腾讯获得现金流提供了保障，而融通共生、互惠互利的经营模式则将消费者付费的规模进一步扩大。单从组织架构而言，其泛娱乐的全部板块都同属于互动娱乐事业群，文学动漫中的知名 IP 可以优先服务于腾讯影业，知名的端游、手游还可由腾讯电竞举办相关赛事进行进一步宣传；腾讯影业旗下更是设立了三个不同的工作室，分别负责院线电影、影游漫联动的影视项目和国产原创动画电影，充分利用自有平台的资源。

7.3.4　娱乐的未来充满想象力

娱乐行业一直在以一种超乎想象的速度发展。5 年前，娱乐行业的主流还是电视和电影行业，支付手段不够便利和盗版的猖獗使得网生内容并没有很好的营利性，相应的数字内容产业只占据很小的产值。例如，那时的优酷付费视频，还需要通过手机交费，向中间的通信运营商支付高达40%的中介费用，电驴等盗版视频下载网站更是进一步压缩了网络视频的盈利能力。现金流来源的匮乏也让数字内容的制作者缺少制作热情，国产网络IP并没有非常好的质量。

而仅仅像是一转眼间，各类移动支付手段出现，大版权时代开启，互联网通信迅猛发展，人均GDP突破8000美元，数字内容迎来了自己的爆发期。仅2016年一年，就发行了221部网络综艺、60部网络自制剧和2500部网络大电影①。支撑着数字内容大爆发的是消费者付费习惯的养成。2016年视频网站的付费用户超过5500万②，《王者荣耀》为腾讯游戏带来了1.7亿活跃用户和每月超过30亿元的现金流，年均每位粉丝都为电竞游戏主播伍声2009的淘宝店贡献了30元的消费。

同时，还有越来越多的消费者加入到付费群体。最新艺恩传媒的研究显示，56.2%的互联网用户表示愿意为内容付费，60%的用户表示能够接受网生内容的植入广告，更有30%～40%的用户有过在观看网生内容时购买推荐商品的经历，还有61.5%的用户表示愿意尝试购买。

从电视荧屏过渡到电脑屏幕，从广告收入到观众付费，中国完成这个数字化娱乐转型只用了几乎不到5年的时间，未来的娱乐行业将以何种意想不到的方式发展？已经有很多企业推出了与VR和虚拟现实相关的娱乐内容，VR广告还获得了一定的口碑和盈利，我们会见证娱乐内容从2D向3D、4D的全面发展吗？视频直播时代加快了造星的过程，未来的明星们会呈现出什么样的特点？是一个人人都可以当明星，明星门槛降低，收入下降的时代，还是明星数量变多，市场扩大，人工智能根据明星热度安排片酬，明星与明星之间更具有差异化的时代？游戏是否会加入更多专业性内容变更为教育方式的一种，某种游戏通关就意味着某个专业技能拿到了相应的资格证？人工智能是否会学会作曲，为观众带来全新

---

① 2017年中国文化娱乐行业未来发展趋势分析．中国产业信息．

② 同上。

的音乐形式？科技的发展是否会减轻绘画师的重复性劳动，未来创作动漫动画是否还需要绘画功底？

种种的未来猜想不一而足，所有的企业都会按照自己心中的蓝图进行娱乐内容的创新创作。我们无法确定五年后、十年后娱乐行业具体的面目，但可以肯定的是，那一定是一个充满想象力的行业。

第8章

重构“动态”的未来

FUTURE REIMAGINED

8.1 数据为王赋能一切

经济形势的变革与新技术的产生应用带动起全球各行业的重构。历史证明，每一次人类社会重要的经济形态变革，必然会催生新的生产要素，形成更先进的生产力。土地和劳动力是农业经济时代关键的生产要素，工业时代则转变为资本和技术。如今，数字技术独立产生了许多新型产业，还运用融合到传统产业中改变了传统的生产力与生产方式，在各行业重构中都发挥了不可磨灭的作用，数字经济时代已经到来。

数据是数字经济中不可或缺的生产要素。95%以上的独角兽企业都属于数字经济领域，共同引领了新兴产业的崛起。在改造传统产业的过程中，数据发挥了预测趋势、预警风险、辅助决策、智能响应的角色优势，与各行各业深度融合，实现产业升级转型，提质增效，驱动经济增长。例如，在饮食方面，数据实现了食品安全追溯分析、药品安全追溯分析、食品安全预警分析等功能；在出行方面，通过大数据分析交通多维数据，能够在交通系统与配套设施之间实现配置优化，通过仿真模型对交通枢纽规划给予辅助决策，能够在拥堵的交通中找到最佳的通行方案。

同时，有越来越多的企业将数据作为其经营最重要的要素。在马云看来，阿里巴巴本质上是一家数据公司，做淘宝的目的是获得零售的数据和制造业的数据，做蚂蚁金服的目的是建立信用体系，做物流不是为了送包裹，而是将这些数据合在一起，“电脑会比你更了解你”。阿里巴巴平台的所有海量数据来自于数百万充满活力的小微企业、个人创业者以及数亿消费者，阿里研究院通过对他们的商务活动和消费行为等进行研究分析，从某种程度上可以反映出一个地方乃至宏观经济的结构和发展趋势。随着阿里巴巴生态体系的不断拓展和延伸，阿里巴巴的数据资源在一定程度上将能够有效补充传统经济指标在衡量经济冷暖方面存在的滞后性，帮助政府更全面、及时、准确地掌握微观经济的运行情况。

在这个数字经济社会里，数据已经构成了生产基本元素，一切的生产要素都是以数据为基础。流通的数据发挥其重要的价值，提升了各类商业活动的效率和质量。因此，只有建构数据分享的机制和产品，提升数据使用效率，让数据加速流通，才能真正使数据更好地服务于经济和生活。未来，“数据量”将成为“数字经济”的重要衡量指标，数据共享将成为常态，作为重要生产要素和社会财富的大数据资源，也将更为深入地渗透至日常之中，服务于生产生活。

8.2 未来世界三种“人”

从农业社会、工业社会再到现阶段的信息社会，每个阶段人类使用的工具都有颠覆性的改变。农业社会主要以铁器为主，而工业社会阶段飞机、火车等的出现改变了人类的生产方式，机器开始取代人类的一部分工作，信息化社会阶段通过计算机编程方式使人类的生产力得到进一步发展。未来，随着人工智能技术的逐步成熟，人类也将迈入以个性化、智能化为特点的人机融合时代。

如果从人类与机器人的关系角度来看，从人到机器人再到人机器，不同的社会阶段受当时科学技术的制约而对应于人与机器人之间不同的关系。

人：独自工作

农业社会中人类仅仅依靠自身力量与简单工具进行生产活动，农业劳动成为人类的主要生产方式。人类通过自身的力量完成农业生产，利用自然资源。例如，开垦土地进行耕作，兴修水利工程提供农业灌溉等。在农业耕作过程中，挖土、施肥、灌溉、收割等环节中，铁器、木头等工具仅仅是人们从事生产劳动的辅助手段。在这一阶段，蒸汽机、发电机等先进的设备尚未发明，人类需要参与日常生产活动的全部环节。

机器人：相互协作

进入工业社会和信息社会，科学技术的进步使人类能够创造出遵循固定指令进行固定生产动作的机器人替代人类进行生产活动，二者开始在生产与生活领域发生联结，相互协作。机器人不一定是以人的形态出现，它可以是各式各样的，如工厂中的机械手、家庭里的洗衣机等。

在工业社会，过去通过人体肌肉难以完成或无法完成的事情可以由机器完成。以内燃机和电力技术为基础而创造出的火车、飞机、汽车等交通工具取代了人类在长途旅行中的双脚，大幅度提升了人与货物流通的效率；家庭中使用的洗衣机、微波炉等电器则替代人类完成生活中的一部分工作，使人类能够从部分家务劳动中解放出来。而在信息社会，计算机、互联网技术促进了世界各地区的连接，信息的传递速度得到空前提升，人类生活与生产的便捷性大幅提升。例如，手机的出现取代了以往需要通过邮差传递的大部分信息，各个地区的人们可以在工作中相互之间进行合作。

人机器：相融合

人工智能在国际象棋、围棋、得州扑克上的胜利已经引发关于人工智能超越人类的探讨。人工智能“奇点”已经临近，在不久的将来会超越人类智能，这一话题已经引起了人们对于人工智能的恐慌。然而，或许有另外一种途径解决这一担忧，即便人工智能全面超越人类，智能机器毁灭人类的科幻场景也不会发生，因为人类可以通过与这一技术相结合。

在人工智能时代，人工智能技术促使各类机器呈现出智能化的特点，并且随着技术的进步，人类将与机器在身体上进行融合，二者同为劳动工具的一部分，因此该阶段为人机器阶段。人机器或将出现三种不同程度的结合形式。

（1）智能设备融入人类日常生活，智能设备可以通过不断读取人类身体活动数据、社交数据等适应人类的个人偏好。例如，通过生物识别技术全天候监测包括心率、血压、大脑活动等在内的生命体征以监测个人健康。

（2）人体与机器的融合，将智能设备植入人体中。在这种情况下，通过借助生物识别感应器、脑机接口等技术将人工智能设备植入身体，在社交过程中，人工智能通过读取细微的生命体征变化以判断是否对对方感兴趣，随后人工智能将主动联系对方的人工智能设备以判断双方是否存在相互吸引，若存在相互吸引则开启再次约会。

（3）机器取代人体，在该形式中，人体的一部分将换成智能机器以帮助残疾人获得正常生活或者增强人体的机能。由于事故而失去手掌的残疾人可以通过安装仿生手掌以满足正常生活的需求，能够感知触摸物体的温度、纹理等，感知到与正常手掌无异的信息。在增强人体机能方面，可以开发出正常人也可以使用的机器。例如，日本筑波大学开发的混合辅助肢体可以检测关节运动信号和皮肤的张弛信号帮助人类增强四肢的力量、敏捷性和准确性，让普通人获取大力士的力量。而外骨骼项目可以帮助减少行走时体力消耗的1/4。甚至未来或许能将人体完全更换为机器，通过手术用晶体管取代大脑神经元，抛弃肉体，最终成为具有个性特质编码出巡的软件程序，实现《阿凡达》中通过意念控制机器身体的目的。

人体与机器完全融合的过程将在人类大脑与数字化大脑相连接时达到顶峰，这一过程是生物智能与数字智能相结合的重要一环。计算机以每秒1万亿字节的速度运行与交流，而通过触屏、语音识别、自然语言处理等方式进行的交互远低于该速度。因此，通过将人脑接入宽带有助于人类与机器实现融合与共生，新的人脑能够利用人工智能技术快速获取并分析信息，从而进一步提升人工智能技术。

人工智能技术的发展仍具有多种可能性，人体与机器的融合虽然能促进人类进步实现大步的飞跃，然而由于当前阶段仍面临巨大的技术障碍，机器对人体部分功能取代的实现仍需要较长的时间。

8.3 需求升级中的消费“降级”

新世代消费者重塑行业生态

随着X世代的逐渐老去以及新世代消费者财富的不断积累，新世代消费者将开始在消费市场中扮演起更加重要的角色，并通过他们的需求和喜好来重塑行业生态。老一代消费者更看重实物消费，对价格也更加敏感，对家庭的归属感和责任感也使得他们与家庭相关的消费占比更高。与上一代消费者相比，Y世代和Z世代更加追求体验和个性化，家庭小型化和独身等趋势也使得消费决策更多地取决于个人需求而非家庭需求，同时这些消费者对于互联网的使用频率更高，也更加依赖线上的娱乐和社交功能。消费需求的演变将成为改变消费市场的核心力量，在新世代消费者主导的未来消费市场，对于实物消费的需求将进一步弱化，对体验的追求将使服务和体验与商品进一步融合，购物将不仅仅是获得商品，同时也是享受体验的过程；需求趋于品质化和理性化，不再刻意追求炫耀性消费，更多地看重需求和性价比；个性化需求催生新兴消费领域和小众消费崛起，客户群高度细分并得到更加精确的满足；全渠道融合更进一步，“懒人”消费盛行，便捷性的追求将促使O2O服务逐渐渗透到生活的各个方面，对物质占有欲望的下降以及实用性理念将使得“共享经济”拥有更加广阔的前景；线上将更加繁荣，作为互联网的原住民，新世代消费者高度依赖互联网，对在线社交、教育、游戏有着更强的需求，同时他们对于虚拟商品的接受度更高，因此线上将朝着更加多元的方向发展。

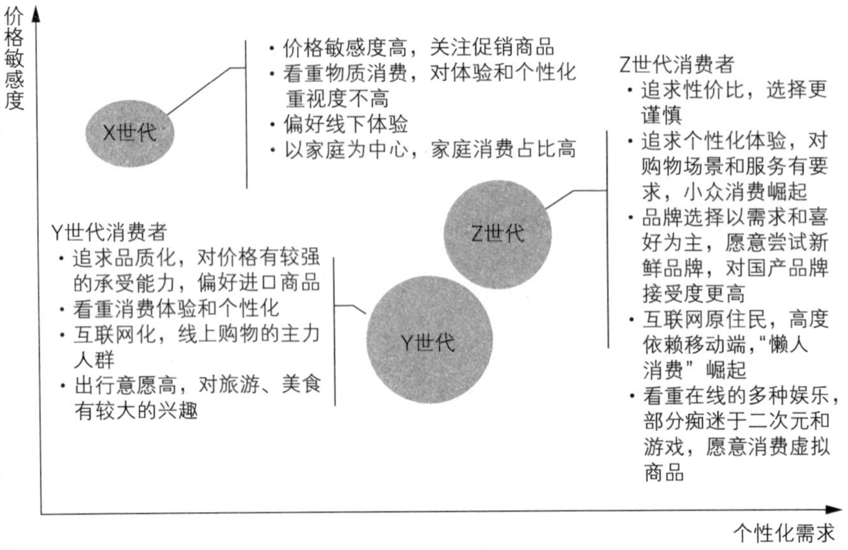

图8-1　金融科技对金融服务业进行生态圈重构不同世代消费者特征

注：圆圈大小代表潜在的购买力和影响力。

资料来源：德勤研究。

需求升级

新世代消费者的崛起正在带来消费市场需求的转变，传统需求将向新的需求升级。传统需求更多的是对商品本身的需求，价格、功能、品质等商品相关因素构成了消费的核心关注点，而服务仅为商品购买的附加品。在新需求下商品本身对消费的影响正逐渐变弱，精神层面的满足变得更加重要，因此服务和内容将成为重要的需求构成，个性化服务、无缝便捷的消费体验、互动参与、价值认同等也会成为消费者看重的因素。而对于商品本身的要求也正在升级，对商品的评价开始由价格导向向品质导向过渡，性价比、高品质、个性化都成为新的关注点。需求的升级将促使消费市场在品质化和个性化转变的同时，采用更多的数字化手段和渠道来提升服务体验，并通过有效的内容传播来使消费者获得情感和精神上的认同和归属感。

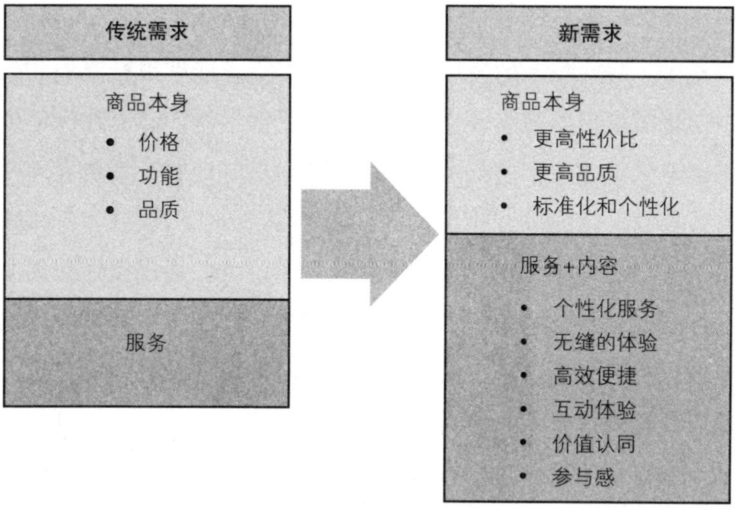

图8－2　消费者需求升级

资料来源：阿里研究院，德勤研究。

消费“降级”

在需求升级的同时，消费将出现“降级”，体现在消费者真实需求的回归上。由于经济、社会、家庭等方面的因素，上一代消费者在进行消费决策的同时会受到多种因素的影响，因此消费结构中炫耀性消费、家庭性消费的占比更高。新世代消费者的生活水平更高，经济能力的提升和对社会依赖度的下降让消费者有更多的自由空间来关注自身的真实需求。因此新世代消费者对物质的热衷没有那么强烈，消费的需求也更加贴近真实合理的需求，消费者不愿意再为所谓的商品品质和品牌支付高溢价，也正因如此，小米、无印良品、网易严选、名创优品等提倡简洁和适用的公司在短时间内得到了中国消费者的认可。互联网和众多新兴科技的快速发展同样推动了消费“降级”的进程，网络化进程的深入加速了新兴品牌的诞生和发展，面对更多的选择消费者也正变得更加谨慎和挑剔，只有能够真正把握消费者需求和心理的商品和服务才能够在激烈的竞争中获胜。

消费者参与生产（C2M）

得益于互联网技术的发展进步，消费者需求能够被精准地收集并汇总，个性化需求得以被高效连接起来，并反馈给生产商，在保证生产规模的基础上满足消费者的个性化需求，从而更好地服务消费者并实现库存的有效控制。目前以红领服饰为代表的制造业企业已经在 C2M 转型中迈出了重要的一步，在红领的定制流程中，可以通过量体数据和客户喜好的样式、面料、风格、个性化刺绣等进行快速（7 天）的定制化生产，虽然无法与工艺要求更高的精品工厂相比，但是已经能够用工业化的手段以合理的价格实现部分环节的个性化生产。3D、4D 打印等技术的逐渐成熟也会使得未来小批量定制化生产成为可能，更低的生产门槛将使得消费者在生产过程中变得更加主动。Shapeways 是一家 3D 打印公司，消费者在这里可以设计自己想要的产品。消费者将自己的设计上传到 Shapeways 的网站，然后为所需的材料获得报价。公司的用户也可以从 Shapeways 论坛获得“专家”的帮助，进而改进设计，也可以选择已有的设计，先进行细枝末节的修改，然后订货。未来 C2M 将成为生产模式的重要发展方向，消费者会在生产过程中被赋予创造商品的能力，使得消费者在满足了生存需求、安全需求等基本需求的基础上能够去追求马斯洛需求层次中的最高层次需求——自我实现，因此消费者需求也会得到极大的满足。

8.4　虚拟世界的巨无霸和现实世界的“小而美”

“全球最大的出租车公司 Uber 没有一辆出租车；全球最热门的媒体所有者 Facebook 没有一个内容制作人；全球市值最高的零售商阿里巴巴没有一件商品库存；全球最大的住宿服务提供商 Airbnb 没有任何房产，全国前三大酒店业 OTA 没有一间客房”。这句流行语充分地表明平台经济的发展态势。数字经济时代不仅带来了新的社会生产要素数据，也同样引发了平台商业模式的兴起。

不同于工业经济时代带来的规模效应与企业科层化一体化的组织形式，数字革命使得沟通更加便捷，企业向柔性生产组织方式发展，扁平化与分散化的管理模式开始流行，产业组织也开始从寡头垄断竞争向更加充分的竞争演进。随着数字经济在实体经济中应用日趋深化，产业界积极推动平台化、生态化发展。在平台中，价值创造不再强调竞争，而是通过整合产品和服务供给者，并促成它们之间的交易协作和适度竞争，共同创造价值，以应对外部环境的变化。

许多企业在发展中都借助互联网的力量，采取开放平台策略，打造生态系统，以增强平台的吸引力和竞争力。如腾讯通过开放平台策略，吸引了 500 万开发者入驻，极大地提升了平台的生命力。随着信息通信技术的快速发展以及互联网和宽带的普及，移动化和数据化把平台经济提升到了前所未有的高度，互联网平台通过业务在线化和数据挖掘，能够促进供需双方精确匹配，缩短供需对接环节，提高效率，同时也能改善供需信息不对称等带来的问题。

这些利用互联网与数字化发展出平台型商业模式的企业成了虚拟世界中的巨无霸。在全球市值最高的 10 家公司中，20 年前没有一家平台企业，10 年前仅有微软 1 家，2016 年已有 6 家。苹果、谷歌、微软等平台企业的市值超过美孚石油、强生等老牌跨国企业，2008 年成立的 Airbnb 公司估值高达 300 亿美元，超越百年企业希尔顿。平台企业成为数字经济时代协调和配置资源的大型经济组织，是价值创造和价值汇聚的核心。1995—2015 年，平台企业的市值从 167 亿元上升到 2.56 万亿元，增长超过 150 多倍，涌现出许多互联网大型平台企业。同时，传统行业巨头也开始向平台转型。微软 2016 年并购职场社交平台领英，将微软的 IT 技术优势与平台融合，打造更为互联、更加智能的生态系统。传统制造企业如三一重工大力开发互联工业互联网平台，如今已接入超过 23 万台设备，实时采集 5000 多个运行参数，能为客户提供精准的大数据分析、预测、运营支持及商业模式创新服务。

在平台型企业逐渐向虚拟世界的巨无霸发展的同时，也有越来越多的个人和小型服务商借助平台进行发展，形成了现实世界中的“小而美”。在消费转型中，消费者更加追求个性化需求与独特的服务，这些转变为小企业甚至个人服务商带来了机遇。平台将不同的群体集合在一起，促进群体间的互动和交易并提供了第三方担保，这些特点也越发鼓励了创新小服务商的出现，平台+小企业的模式日益成为主流。过去受限于市场规模而不能成立的很多特色小生意，现在在网上找到了它的客户；反之亦然，过去受限于信息成本而不能得到满足的那些个性化需求，现在在网上也找到了它的卖家。平台在这一体系中扮演了基础服务商、资源调度者的角色，如淘宝网向平台上的商家提供一系列包含信用体系、用户体系、商品体系、交易流程、计算能力、服务标准等服务。而“小而美”的服务商则创造了灵活多样的产品和服务。

对于平台而言，其价值在于将相互依赖的不同群体集合在一起，促进群体间的高效互动。平台的任务便是调动这些小微服务商的“创意精英”，更好地满足市场需求，吸引到更多的平台用户。在建立集合共享机制前，平台方首先需要建立多方信赖的信用制度。例如，拥有4.5亿消费者，约1000万在线商家的淘宝平台，就使用卖家与买家的互评机制实现自主监管，将信用数据积累下来形成信用级别的有效途径进而对下一次交易产生影响。在这种情况下，以大众评价为基础的卖家和消费者参与式的平台治理模式同时产生，每次的交易过程都为整个平台的治理提供了基本支撑。

对于小微服务商而言，平台能够让其个体的潜能得到极大释放，每个人的特长都可以较方便地在市场上“兑现”，而不一定要全职加入某一组织，承受“被组织”的代价、才能实现个人能力与市场的交换。同时，工业时代那种工作、生活、学习割裂，个体无法柔性安排工作与生活的状态也将得到很大改变，类似于工作、生活、学习一体化的SOHO式工作、弹性工作等新形态将更为普遍。如利用阿里云提供的云计算服务，原创动漫游戏公司米哈游的游戏产品在登录应用商店当天就冲到了收费榜第一名。目前公司员工将近50人，收入达到千万元。这充分反映了互联网平台共享能力输出撬动微经济增长的杠杆作用。

时至今日，平台与小微企业已经形成了互相不可替代的关系。平台显著降低了各方沟通成本，使得大规模协作更易形成，不仅激发了小微企业的经济活力，其地位也是小微企业无法替代的。而众多小微企业百花齐放，良好地适应不同消费者的需求，提供种类丰富个性化服务的能力也是平台方无法模仿的。众多小微企业的加入让互联网平台规模迅速扩大，吸引更多的用户。根据梅特卡夫定律，网络的价值与用户数量平方成正比，因此用户数量越多，互联网平台成长越快，而且价值会呈指数增长。相应地，成长性良好的平台也能够提供更加强大的共享能力，为小微企业的发展做出更多的贡献，引领平台商业系统的繁荣，进而吸引到更多的小微企业，获得进一步成长的空间。苹果的应用平台吸引了近40万APP开发者加入其生态系统，开发了上百万的APP，完成了千亿次的用户下载，是其获得手机行业90%利润的决定性因素。

未来，互联网平台与小微企业的商业模式还将渗入到更多行业，如医疗、教育、娱乐，等等。互联网平台未来在医疗体系内不仅可以连接匹配所有的医生和病人，数字化病例与集成就诊数据还可能协助进行病人的诊断与治疗。教育行业借助互联网平台也可能会实现个性化教学并为全民提供更多的免费教育。娱乐行业更可能形成一个集成全部娱乐内容的终端互联网平台，更清晰的分工合作与更便利的娱乐平台会为娱乐行业注入更多创新创意。这些可能发生与不曾料到的变革会为我们的生活带来什么样的影响，会为社会经济形势带来哪些变化，会在科技创新中形成什么样的科研成果我们都不得而知。但平台模式一定会在未来爆发出更多令人惊喜的变化，让我们拭目以待。

图 索 引

表 索 引

案例索引